# Seven Simple Secrets

*What the Best Teachers Know and Do*

第2版

[美] 安奈特·L. 布鲁肖 (Annette L. Breaux)
托德·威特克尔 (Todd Whitaker) 著

# 万人迷老师
# 养成宝典

中国青年出版社
CHINA YOUTH PRESS
中青文传媒

## 图书在版编目(CIP)数据

万人迷老师养成宝典 /(美)安奈特·L.布鲁肖（美）托德·威特克尔著；谷绍敏，铮铮译.
— 2版.—北京：中国青年出版社，2016.6
书名原文：Seven Simple Secrets
ISBN 978-7-5153-4270-2

Ⅰ.①万… Ⅱ.①安… ②托… ③谷… ④铮… Ⅲ.师资培养 Ⅳ.①G451.2

中国版本图书馆CIP数据核字（2016）第148420号

## 万人迷老师养成宝典

作　　者：〔美〕安奈特·L.布鲁肖　托德·威特克尔
译　　者：谷绍敏　铮　铮
责任编辑：周　红
美术编辑：夏　蕊　张燕楠
出　　版：中国青年出版社
发　　行：北京中青文文化传媒有限公司
电　　话：010-65516873/65518035
公司网址：www.cyb.com.cn
购书网址：zqwts.tmall.com
印　　刷：大厂回族自治县益利印刷有限公司
版　　次：2016年6月第2版
印　　次：2021年4月第4次印刷
开　　本：787×1092　1/16
字　　数：136千字
印　　张：12.5
京权图字：01-2015-4009
书　　号：ISBN 978-7-5153-4270-2
定　　价：39.00元

Seven Simple Secrets
What the Best Teachers Know and Do

Contents

# 目 录

## 秘诀3 激情教学散发魔力 ［065］

## 秘诀4 积极的态度具有强大感染力 ［089］

Seven Simple Secrets
What the Best Teachers Know and Do

Foreword

# 前 言

　　想知道成为优秀老师的秘诀吗？想成为学生们由衷喜欢、同事们乐于亲近、校长完全放心的万人迷老师吗？那些成为优秀老师的人并非因为他们生来优秀，也不是因为他们拥有最高的智商。当他们刚刚成为教师的时候他们并不是最优秀的。他们之所以成为优秀教师，是因为他们都拥有七个简单的秘诀。这七个秘诀让一个平凡的老师充满魔力，成为一个校园里的万人迷。

　　并不是说随便一个人都可以成为老师，我们希望那些成为老师的人——那些真正想将教学作为事业的人，希望进行改进的人，也就是那些身处教育大军中的大部分人——可以真正成为最好的老师！我们写作本书的目的是向你们揭开高效能教师成功教学的秘密。你们与学生朝夕相处，在你们的手中把握着你和孩子们共同的未来。现在当你手捧这本书，若吃透它，定可助你开创一个明媚而又灿烂

的人生前景。你手中握着的，是自己的未来，现在你拥有可以使未来更加光明和灿烂的秘诀！

本书共分为七章，每章分享一个秘诀，共七个秘诀。这些秘诀都是美国顶尖教师的成功经验。每个秘诀又被分为七个部分。在每章的末尾，专门为你设计了七个问题，用以检验你对章节内容的掌握情况。本书的内容安排相互独立，又一以贯之，方便读者一次研读一章，或仅翻看挑选自己最急需的内容。不管你如何阅读本书——从头至尾依次研读，或者信手拈来，每天阅读一些，积少成多——我们都可以保证，只要你将这七个简单的教学秘诀融会贯通、学以致用，一定可以让你的课堂更高效，助力你向梦想中的顶尖教师大踏步迈进。

作为教育者，我们经常努力学习新的教学方法，尝试使用新的教学策略，寻觅更好的能够满足学生多样化需求的教学方案；然而，我们常常是路子越走越窄，或者是进行着无休止的循环，抑或是来来回回反反复复地改过来又改回去，到头来真的是"蜡炬成灰泪始干"。最后的最后，我们开始抱怨我们的工作，开始不满于繁重的工作压力，终于，我们也开始了等着领退休金的日子。

然而，事实是，不管我们在几十年的教学生涯中际遇如何，一些规律性的东西是不会轻易改变的。我们终日忙碌，甚至感到前路漫漫，看不到水平飞跃的希望，关键的问题是一些简单却重要的事情被我们忽视了。难道本书的七个诀窍果真是高效教学的精髓吗？答案是：毋庸置疑。

　　这一本不太重的书涵盖了顶尖教师的七个教学诀窍，这些诀窍简明深刻又通俗易懂。它没有流行一时的教育哲学，也没有噱头式的创新、技巧和方略。有的只是顶尖教师们日复一日耗费心血凝结而成的教学智慧。这些诀窍无论是课堂内外都可能有用武之地。而它们最大的意义在于，帮你更好提升学生的学习水平，甚至生活品质。

　　最后，作为教育界的同行，我们寄希望于每位读到本书的老师，凝心聚力，共同为孩子们的未来，也是世界的未来做些有价值的贡献，聊表心愿。

# Secret One
## The Secret of Planning

### 秘诀1
# 提前制订明确的计划

## 计划的价值

教练们总是胸有成竹地走进赛场，因为他们已经制订了有针对性的训练计划

外科医生们总是心平气和地走进手术室，因为他们已经制订了详细的手术方案

律师们总是能够信心满怀地走进法庭，因为他们已经为当庭辩护做足了准备

旅行者们也总是满心欢喜地上路，因为他们的背包里准备好了地图和行装

那么，为什么老师们要憎恶课程计划呢

事实说明

不做计划就等于筹划失败

就如同航行的船无锚可抛，四处漂泊

发力的锤子无钉可锤，空费气力

所以，请做好计划

按计划行事才不会"误入歧途"

总之，莫忘教学的初衷

予人玫瑰，手留余香

## 第一节  如何制订绝妙的计划

**那些卓越的老师们都非常清楚，如果想上一堂非常精彩的课，必须要先做好有关这节课的周密计划。**这确实是显而易见的道理——尽管理解计划的真正含义还需要一些时间。即便如此，如果经过仔细备课之后再进行讲授，你是可以真正享受教学的过程的。这又是否意味着只要精心准备就可以一帆风顺，没有任何困难地完成你想做的事情呢？答案当然是否定的，教学不是严格意义上的科学，这就是为什么我们需要如此细致地制订教学计划。

当你静下心来开始准备你的课程，你要做的第一件事情就是确定目标——你想要学生们在那天学到什么，然后你的整个计划要紧紧围绕着这个目标。无论你的课程计划采用什么格式或模版，这一方法都长久适用。

让我们假设今天你将教学生拟写表达感谢的便条或电邮，感谢对方馈赠的礼物。感谢信可以是手写的、电子版的，抑或使用贺卡。信的格式学生可以自选，但必须包含五个要素，即时间、问候语、正文、结尾和签名。

接下来，课程计划的第一部分就是考虑如何激发学生们拟写感谢信的兴趣。你可以开启一场讨论，问问学生们是否收到过亲友馈赠的礼物。接着，聊一聊感谢亲友馈赠常用的方法，比如打电话、发送电邮/电子贺卡或寄送打字机打印的贺卡。除此之外，感谢信的内容和写作意图也需要明晰。这之后，作为范例，你可以写一封感谢信给你班里的学生们，感谢你遇到他们，或者感谢他们给你带来的快乐和满足。写这封信很容易，而效果会是惊人的，因为这是作为老师的你亲自写的，是和学生们内心的情感交流。把这封信展示在你的智能板上，或找一张足够大的纸把感谢信写在上面，让每位同学都能看到。

现在，请和全班一起阅读这封信件，然后指导学生分析每一部分的内容。在分析过程中，请一个学生在每一部分旁边写下该部分的名称。比如，起始段落写着"亲爱的全班同学"，让学生在旁边标上"问候语"。你明白了吗？关键是让学生在你的指导下，掌握感谢信每个部分的写法和整个架构。

你可以就写作技巧为学生做个示范。（示范其实是任何教学中最为重要的一步，却时常被教师忽略。）示范时，可以写一封感谢信给你自己的朋友，你可以手写，也可以使用电脑，最后打印出来。字体要足够大，便于展示，让所有学生阅览。你可以一边写，一边自言自语地道出你写作的意图和逻辑，以便学生细致了解感谢信的写作过程。你甚至可以让他们说你写，让他们实际参与这封感谢信的拟写过程。需要注意的是，你并非简单地教授感谢信每部分的写作规范，而是需要从学生们那里搜集鲜活的语言，让学生们开动脑筋，参与其中。这种实践更有意义，印象也更为深刻。下面，你可以尝试开展这样一个有趣的活动。你可以带一些吃食到学校，然后分发给学生们。随后，让他们集体写一封感谢信以表达对这份馈赠的感谢。你可以在写作过程中加以指导，注意感谢信的五要素缺一不可。你可以选择一位同学负责执笔或打字，然后你负责使用幻灯设备将信的写作过程打出来。要确保每位同学都可以边看幻灯片，边献计献策，共同完成这封感谢信。

　　一旦你教授了这些技巧，将其模式化，并带领学生练习了这些技巧，那么现在，他们就要自己开始在写作中运用这些技巧了。这样一来，应该给他们布置什么作业呢？你猜对了。他们将自己动手写一封私人的感谢信或电子贺卡。在活动开始前，让你的学生们写下自己未来渴望得到的礼物，然后，假装他们已经如愿以偿地得到了，心满意足之余准备拟写一封感谢信去表达这份收获的喜悦和惊喜。在他们自顾自地写信时，你在班里来回巡视，检查学生们对所学知识的理解情况。当最后一位学生完成自己的感谢信，你可以回顾一下整节课的内容，圆满结束这堂课。顶尖教师明白，永远不要告诉学生他们今天学到了什么，要让学生给你反馈，让他们告诉你，使你知晓他们的学习成果，以便充分了解这堂课的真实教学效果。

　　至此为止，我们有了一个非常好的计划！还有一个问题，如果有一两个学生在信件中总是写错别字该怎么办呢？记住，这是教会学生们写信件的一节课，而并非错字纠正课。但当学生们在班上自己练习信件写作时，你可以在旁边提醒他们错别字的问题。即使有写错别字的情况存在，毕竟他们已经学会了如何写信（不要误解，我们不是说错别字是个无足轻重的小问题。我们只是希望你在教信件书写的这堂课上集中于主要的教学目的）。

在写作这本书的时候，我们也需要做一个计划：首先，我们确定写作目的，决定我们想和大家分享什么样的教学经验；其次，我们要分析得出最好的老师们都有什么共性的地方；最后，我们发现了他们的7个共同点；然后，我们将其进行总结，并以一种更加容易理解的方式展现给大家。我们决定将每个秘密分为7个小部分进行阐述。只要我们将这些都计划好，剩下的内容就轻而易举了。在课堂上也是如此，如果你有一个很好的计划，你的课程就会变得简单而且有效。

## 小提示——计划

下面是一些小提示，相信在你计划课程的时候会给你一些帮助：

◆ 确定目标

◆ 确定如何使课程引人入胜

◆ 确保学生融入课堂的每个环节

◆ 课程计划包括明确教学目的，联系学生生活实际介绍写作技巧，教授示范技巧，指导学生练习写作技巧，最后让他们独立尝试运用学到的写作技巧，之后教师回顾总结。（见秘诀3：65页）

◆ 事先准备必需的资料

◆ 享受这个精心规划的课程吧

我们保证，按照上述做法来进行课堂活动计划，同时仔细斟酌课堂每一步，每位教师都可以很快收到良好的教学效果。

如果你为你的课程计划殚精竭虑，每堂课都像一次精心的发明创造，你一定会看到学生们学业的成功和不竭的动力，同时你之前上课备课的压力感和紧张感也会被驱散不少。

## 第二节　如何为课程做出充分规划

作为成功规划课程这一教学诀窍的一部分，毫无例外的是，顶尖教师总是充分规划课程，打出富余。大多数顶尖教师承认他们经历了一个艰辛的过程才意识到这一点。作为教师，我们常常先预估课程或活动所需的时间，再进行课程规划，结果却计划赶不上变化，事与愿违。举个例子，你计划一项课堂活动，事先预估要用20分钟，结果事实上只花了7分钟活动就完成了。剩下的13分钟怎么办？除非你事前做了充分计划，否则你只能求助于拯救你绝望的不二之选——是的，就是那永远存在、万恶的学习单。（估计只有当年紫色墨水流行的那个时代学生才会喜欢学习单。）当学习单上的内容也完成了，接下来又会是大眼瞪小眼的等待。事实上，学生们对学习单毫无热情，只要不需要完成学习单，他们甚至愿意做任何活动。

要不然就是心不在焉地勉强完成，错误连篇。这时，老师们总会不厌其烦地提醒学生们抓紧时间，再检查一下作业，或是不许交头接耳，如此等等。这就导致一些学生已经完成了学习单，而另外一些甚至还没有开始学习单上的内容。现在问题又来了，已完成的学生接下来做什么？你只好采取别的救急措施以应付剩余的时间，比如，你可能会说："如果你已经完成了学习单，你可以做你的××作业。（而这项作业通常和这堂课没有任何关联。）"或者更仁慈些的做法，告诉他们："趴在课桌上休息一会儿，等其他同学做完。"是不是听上去很熟悉？高效能教师也遇到过这样的问题，这样的场景着实令人沮丧。但高效能教师摸索出了一个诀窍——充分进行课程规划可以解决这一问题。

如何充分规划课程？你只需如下操作。当你进行计划时，留有富余，比你觉得够用的再多规划一些。有一点需要注意：不要再设计相同的活动。否则，学生很容易厌烦和走神。那么应该怎样做呢？当你的学生们成功完成一项内容，你应该趁热打铁，让他们将新习得的技巧和内容活学活用，提高应用水平。因此，做充分课程规划时，你可以设计一连串活动，逐步提高难度，让学生在一个个挑战中学习知识、锻炼能力。

充分规划的弊端是什么？答案是完全没有。最差的情况是，你不能在课堂上完成你预先计划的所有内容。而最重要的是你要设法教给学生一项新技能，而且达到预期教学效果。充分规划的益处就是你在课堂上没来得及用到的活动计划可以留待日后的课上使用。

在本书下一章，你将了解如何掌控课堂时间以避免规划过度。

> 当你旅行度假的时候，多带衣服总比没带够衣服保险些。当飞行员飞行之前，宁可多带航油而不是油量不足就仓促起飞。这个道理在课堂上也同样适用。

## 第三节　如何有效管理课堂时间

即使是最好的老师也要承认，将课程所用时间精确地计划到分钟是很难的。毕竟你不希望原本应该60分钟的课程只上了30分钟就早早结束，所以你应该通过充分计划来完成剩下的30分钟。同时，你也不希望这个60分钟的课程最后用了90分钟才讲完。那么，那些恰好在计划的时间内完成课程规划的教师究竟是怎样做到的呢？最卓越的老师有自己的秘密。当他们备课的时候，他们使用5分钟分割法。换句话说，将60分钟的课程分割成12个5分钟的部分。比如，课程介绍占用5分钟时间；课程介绍之后的简短讨论可能也要占用5分钟时间；之后，老师用5分钟的时间讲授这节课要学习的技能，再用5分钟的时间进行示范。在这之后，老师会组织两个5分钟的小活动，指导学生们练习刚才学过的技巧。然后，老师安排学生开始分组练习，大约占用两个5分钟。最后，学生尝试独立进行10分钟的技能训练，教师巡视检查技能的掌握情况。现在还剩下两个

5分钟。如果学生在理解上有困难，老师可以再花5分钟时间讲解一下关键内容或者再多加一些练习。如果学生掌握起来没有困难，就将这一到两个5分钟用来回顾复习，总结一下本节课的学习进展。这样，60分钟的课程就结束了，而且计划周详，完成顺利。

老师用这种方法进行规划，好处多多。首先将会保证课程顺利推进，而且也可以保证活动花样翻新。这样更容易集中学生的注意力，同样可以避免你在一项活动上耽误太多时间——这也恰恰是许多老师犯的致命错误。最后，可以使你的课堂在计划的时间内稳步从容推进，下课铃响，课程恰好圆满完成。

但是，如果在分组练习过程中，你发现有些同学很难开始独立技能练习，这时你能够做些什么呢？你应该像最卓越的老师一样——做出调整。

在一些课程中，可能你的学生需要一个学习和理解过程，直到下次课才能准备好尝试你所讲授的新技能——这是可以理解的，我们需要视情况做出调整。但是，一定要随时对每个步骤的进行保持清醒的认识，知晓已用去多少时间。最好的办法是在教室的墙上挂一个大钟。

你有没有好奇过为什么有些演讲者一连进行3个小时的演讲，可以保证准时结束？或者为什么政治家计划用1小时发布施政方针可以在第60分钟完美收尾？因为他们都采用了5分钟分割法。当安排计划的时候，确定5分钟之内可以讲什么内容比确定一个小时或更长时间讲什么内容要容易得多。

所以当你计划下节课的时候，可以尝试一下上述方法。顺便说一句，如果你觉得一个活动只需要2分钟，那么就不要将这个活动刻意延长到5分钟。只需要利用这3分钟开始下一个环节，或者另外计划一个只需要3分钟的环节——你知道该怎么做。

　　很重要的一点是：我们的建议并非教你用5分钟分割法来消磨时间。最好的老师保证教学质量，充分利用每节课的每一分钟。他们不会安排些无聊的活动填充时间，也不会根据活动持续时间的长短将之安排进课堂充数。如果有学生没有理解刚才讲授的内容，他们不会呆板地进入下一个部分，他们不会想："哦，我规划的5分钟已经到了，必须进入下一步了！"仅仅是因为他们"有很多内容要讲"。他们希望教学的每一分钟都加以充分利用，使学生们切实得到真才实学，而这也恰恰是他们采用5分钟分割法的原因之一。

　　还有一个不可否认的事实是，不论什么年纪的学生，包括成人，都很难长时间将注意力集中在一个任务上。不必担心这会迫使你花费更多的时间来制订计划，绝对不会。

　　等一下，如果你计划让学生们花30分钟时间读一个章节会怎样呢？让我们仔细考虑一下这个问题。你注意过没有，当你说"阅读这一章节"的时候，学生们大概会花5分钟的时间窃窃私语，然后才开始匆忙低头阅读。五分钟之后再看——你会发现大部分人开始心不在焉，你要再次下达命令。接下来的5分钟他们可能盯着别处发呆、小声说话、坐立不安甚至把口水流在课本上，这是因为他们的注意力只能集中5分钟。这里，我们给出一个小技巧。如果你想让他们在章节中阅读些内容，或者整个章节，你完全可以将这次阅读用5分钟分割法变为一次有意义、充满趣味的学习过程。很简单，先决定你希望他们每次从一页中了解什么，然后给学生两分钟时间来找出文中相应的内容，然后针对这次阅读展开有意义的讨论。还有一个更好的办法，将整个班分成若干小组，每个小组带着不同目的进行阅读分析，然后全班一起讨论他们所学到的东西。**只要你勇于创新、活跃气氛，有关任何主题的任何章节都会对学生产生吸引力。**

采用5分钟分割法，期待你的课堂变得更加活跃吧！

# 第四节　如何让你的计划更灵活

遇事变通是被祝福的，因为它不会宁折不弯。

**最优秀的老师知道，在计划中灵活性是不可或缺的。**计划其实很简单——只需计划你在课堂上能与学生们合作完成的内容。不要忘了人们对所谓"完美计划"的不认同。在教学中，很多时候情况并非像我们一开始计划的那样进行。当制订计划的时候，你很难预测同学们可能提出的问题、学生们对特定技能的理解水平、突发事件、临时的消防演习等等。所以你只能尽你所能——假定课堂上一切都会完美进行，尽管我们知道总会有磕磕绊绊。

灵活的人不会宁折不弯。当出现问题的时候，他们不会像其他人一样手足无措、灰心丧气，而是坦然面对。**当事情没有按照计划进展的时候，他们不会将之看作失败，而是不断调整适应。**如果某一天或者某堂课上没有完成既定任务，那么他们会将任务带到第二天的课堂上。

不知变通的老师四处抱怨失败的苦楚。他们总也想不明白，教学与十全十美没有必然联系。每堂课都不会一帆风顺。就像门口挂着"请勿打扰"的牌子，却无法避免有人敲叩房门。酒店公共广播系统可以在一天里任何需要的时刻派上用场。固守计划的老师的典型表现是每天花费大好时光抱怨计划赶不上变化。你一定听过类似的苦恼，比如："我数了数今天公布的通知——一共11个！这么多的干扰，他们想让我们什么时候展开教学？现在他们居然还想让我们再提交一份书面材料。知道今天早上的消防演习吗？计划得挺周全，恰好是在数学课上到一半的时候！当我们回到教室的时候，学生们已经把我上半节课讲的内容忘得一干二净了。我花了10分钟的时间才让学生们安静下来，然后继续讲课。"（除此之外，这些老师甚至会在上课时间敲开隔壁教室的门，和其他老师谈论这些。）他们允许自己因为一些无法掌控的因素而自怨自艾，而宝贵的教学时间都被他们挥霍用来絮叨抱怨了。

是的，只要你留心观察，最卓越的老师通常也是最开心快乐的老师，他们品德高尚，真心热爱他们所从事的职业，即使很多事情不在他们既定的计划范围之内。**他们将注意力集中于自己可以控制的因素，而不是怨天尤人。**

## 谨 记

◆ 详尽全面地进行规划，但是当天不遂人愿的时候不要恼怒失态

◆ 不要事事追求完美

◆ 要知道，在学校任职的每一天都可能遇到许多难以预料的教学干扰

◆ 不要气馁，明天会更好

## 第五节　如何制订清晰的教学目标

在旁听了一位老师的课之后，任课老师被问道："你希望学生们通过这节课学到或者掌握哪项技能呢？"旁听的人，也是这个学校的校长，在听完这节课之后，不知道这位老师的教学目的是什么。在这位老师给出答案之前，我们首先来看看校长在旁听过程中观察到了什么。

### 一堂成效不佳的课

上课伊始，这位老师说："请翻到课本第56页。"然后她问一个

学生："这个故事的题目是什么呢？"又问另一个学生第二个问题："作者是谁？"继而又问，"谁画了这个故事的插图？"问完这些问题，老师说："现在我希望大家通读这篇文章，读完之后请回答有关这个故事的几个问题。"随后学生们心不甘情不愿地抓紧时间阅读，教师在整个教室巡视，当发现学生发呆或者闲聊时及时提醒其改正。一些学生飞速浏览了故事，很快答完了问题。此时，另外一些学生连故事的前两页都没看完。老师只好让已经无事可做的学生总结文章各段大意。这些学生又是老大不愿意。按时完成任务也不得轻闲，简直好似一种惩罚。

相信这种情况在很多课堂上都出现过。这种现象在学校教学中见怪不怪，有的学生从来没有来得及完成阅读和回答问题，下课铃就响了。

现在回到我们一开始问的那个问题（显然这是一个非常合理的问题）："你希望学生们通过这节课学到或者掌握什么技能呢？"这个老师回答道："嗯……我希望他们阅读课文并且回答课后的问题，以便了解他们的理解能力。"

太多时候，老师们有些盲目，他们执着于抠主题等等，以至于耗时甚多却有大量课堂计划没有完成。这不是因为他们懒惰。相反，这样的教师中很多牺牲了自己的业余时间，花费大量的精力和时间编写课程计划。问题就在于缺乏真正的教学目标。阅读和回答问题并不是目标，它们只是课堂活动。而进一步回顾课本内容，目的是让学生推测故事原委，之后确认推测或推翻原先的推测。正如这位校长所言，一堂课中技能的教导和示范应该贯穿始终。做到这一点，你就能拥有高效课堂。下面举一个正面的例子。

## 一堂成效不错的课

一名高效能教师运用同一个故事教授分析推理的技能。注意两者的不同，前者是讲授故事，后者则是运用故事教授技能。在后者的课程介绍中，她问学生们最近看过什么电影，然后和学生一起讨论第一次看某部电影时的心理活动——我们怎样猜测接下来的剧情，随着剧情的发展我们又怎样证实或否定我们的猜测。这和阅读是一样的。当看到题目的时候就开始预测下面会讲些什么内容，在继续阅读的过程中会不断证实或者否定之前的猜测。在实际阅读故事时，教师会让学生在每次阅读时分几步走。学生们边阅读，边锻炼新习得的技能。随后停下来讨论和反思一下自己是如何推理，之后又是如何肯定或否定之前的推理的。低效教师的课堂与高效能教师的课堂差别明显。前者仅仅吩咐学生阅读、答题，后者却指导学生练习新技能。高效能教师利用活动来达到既定教学目标。但前提是，教师必须设定出真正有价值的教学目标。

**最优秀的老师有一些共同点：他们都知道"目标"和"活动"之间的差异，他们基于一到两个目标来进行课程的规划。**所有的活动围绕和聚焦于既定教学目标。

同样，在最优秀老师的课堂上，老师在课堂伊始就会清楚地告诉学生，在课程结束的时候他们应该学会什么，应该掌握什么技能。

记住，他们的目标是掌握技能，而并非掌握内容。

制订清晰的目标对于学生的学习是至关重要的。进行课程规划时，你要时刻清楚课程的走向，只筹划那些对完成教学目标有助益的活动。

> 当外科医生走进手术室准备给你动手术的时候，你难道不希望他有一个清晰的计划和目标吗？所以，你应该像一个技术娴熟的外科医生一样设定清晰的课程目标。这样的话，学生才不仅仅只是应付度日，而是日复一日茁壮成长。

## 第六节　如何不让课堂死气沉沉

你知道60/40法则吗？60/40法则运用在教学中是指老师的授课时间占整节课的40%，而剩余60%的时间留给学生进行实践和讨论。现在让我们厘清一下。我们指的学生实践讨论部分，绝不是说可以偏离课堂主旨，甚至根本没有关联。而我们说教师教授的时间占40%，也绝不是说剩余60%的时间老师就可以闲坐在讲台后面，无事可做了。这里我们可以爆个料，迄今为止太多的课堂与此如出一辙。老师占用大部分时间滔滔不绝地讲，学生被要求安静、全神贯注地听。除此之外，在聆听教师讲授课程内容前不安排丝毫的活动。

我们知道，无论谁完成挑战都是在学习。但是，不同的课堂，学生们完成大部分挑战的过程却是不同的。正是这其中的不同之处使得大多数高效能教师脱颖而出，也成为了他们一项重要的教学特质。他们能使学生们保持学习的动力和热情并非仅仅因为班上极少出现课堂纪律问题，更在于课堂上有许多有趣又有意义的学习任务。

那么高效能教师究竟是怎样做的呢？他们怎样使课堂由始至终积极、紧张、活跃而又充实有意义呢？答案很简单：他们做课前规划。高效能教师设计一系列的问题，以使学生们不断参与回答、思考、分析、推理和比较。这就是布鲁姆教学目标分类法。我们来看一个典型的例子。如果周一你给你的学生们一张包含20个词汇的列表，要求他们逐一对这20个词汇下定义，那么他们会是如下表现：

◆ 抱怨

◆ 发牢骚

◆"我们需要抄写每个词的所有释义还是仅仅抄写第一条？"

◆"需要的时候我们可以轻松在网上查到词语的释义，为什么非要把它们记在脑子里？"

但功课还是要做。最终，学生们乖乖将释义抄在了笔记本上或电子设备里。于是，抄写释义这项任务算是完成了。接下来，如果你让学生们就这些词造句，一些爱耍小聪明的学生就会想出应付你的捷径。比如他们可以这样造句："在拼写测验上，我正确拼写了dandelion一词。"那么其他词呢？如法炮制。最终，只消几分钟，他们就完成了。看上去，他们完成了作业，但完成质量不高。而且他们可能根本没有领会和掌握这些新词。让人大跌眼镜的是，在很多班里，学生们学习词汇吊而郎当，大多数人却能顺利通过考试。让我们来剖析一下原因，作为教师，我们不得不承认，如果我们让学生们复习单词准备本周五的考试，相信大多数学生至少能得个及格。但是，如果我们不事先告知，同样的试卷，下周或再下周来个突击测验，情形会如何？估计大多数学生的成绩都会惨不忍睹。这就说明了我们的教和学生的学缺乏实效。

那么，顶尖教师会怎么处理呢？他们挑出少数几个关键词汇，尽量避免一次布置过多词汇引起学生的畏难情绪。他们帮助学生将词汇学以致用，反对死记硬背词汇释义。他们用整个星期的时间讨论词汇，演示词汇。高效能教师让学生们在言谈话语和写作中运用这些词汇，围绕这些词汇做游戏，将这些词汇与学生生活实际相联系，等等。这些词汇融入了学生的生活，从而实现了熟练掌握、活学活用，成为了每个学生"私人字典"中的一部分。

除了记忆词汇，顶尖教师不过分注重让学生们背笔记，完成冗长的学习单，独立阅读篇幅长又枯燥的文章，回答章节后的练习题，如此种种。相反，他们让学生热衷于活学活用课程内容，想方设法处理问题，注重团队合作，和同学分享见地，告诉老师他们是如何得出各种各样的结论的。

他们的课堂总是充实而忙碌，兴味十足。学生们通常全面发展，学业有成。在顶尖教师的课堂里没有一刻是乏味无聊的，没有哪两天的课堂是雷同的。学生们在一天的学习结束后都热切盼望第二天的课程。

---

所以，要热衷为课堂设计一些活动，当学生迎战挑战时，学习也就像沏泡的茶，逐渐香气四溢了。

---

## 第七节　如何具有预见性

一次又一次，研究成果和我们观察到的现象是一致的。最高效的教师是那些具有预见性的教师。简单地说，具备预见性就是指预料到可能出现的典型问题，然后提前采取措施加以规避。也就意味着，比你的学生早想一步。通常，教师们的惯常做法是等到学生行为不端，再加以惩罚、警告，甚至大发雷霆，言语失态，如此种种。下面我们举正反各一例作个对比。两位老师都是第一次尝试为七年级学生分组授课。我们到她们的班上去看看，各自情况如何。

### 被动反应型教师

被动反应型教师在课堂上宣布她的学生们将接受分组授课。并且警告他们，如果有哪位学生辜负了老师的信任，不遵守课堂纪律，将受到相应惩罚。接着，老师对学生们说："下面我将宣布各组学生名单。"话音刚落，班里顿时一片嘈杂。老师刚念了第一小组的四个学生名字，一个同学就叹了口气，说他可不想被分到这样的小组。老师生气地瞪了这个学生一眼。紧接着，教师继续念名字，学生们也不断在讲台下抱怨。要求换组的呼声此起彼伏。老师只好说："如果谁再说一句话，就不要分组了。"课堂终于暂时安静下来。于是，老师吩咐学生各归各组。毫不意外，教室里又是一片混乱。一些学生迅速移到组内，一些心怀不满的学生搬课桌时猛撞其他同学的桌子，甚至还有几位刚搬到小组内就和其他人吵了起来。无奈，老师再次予以警告，"谁再出声，就不分组了。"这一次情形已经不同了，不到10分钟，教室里又恢复了嘈杂的吵闹声，乱作一团，分组授课彻底泡汤了。

现在让我们去主动预见型老师的课堂去看看。(注意，她采用的心理战术十分巧妙。)

## 主动预见型教师

主动预见型教师兴奋地在课堂上宣布：考虑到学生们出众的潜力，她将不时允许学生们分组学习。"但是，"她补充道，"无需担心，我会在分组学习的过程中一步步引导你们，为你们做好铺垫，使你们的小组学习成功而且没有负担。"学生们会意地笑了。"现在，"老师说，"还记得你们上一年时的青涩吗？"学生点点头。"上一年我不确定你们是否足够懂事来开展分组学习。但是这一年，我相信你们可以。过一会儿，我将宣布分组名单。但现在，让我们回想一下上一年。作为刚刚六年级的学生，如果我告诉你，你将不能和你的好朋友分在一组，你会作何反应？"一只只小手举起来，一些学生说他们可能会大声抱怨，撇嘴生气，发脾气。"是的，"主动预见型老师说："你们很可能会那样做。但是，你们想过没有，如果有些同学抱怨不想让你加入他们组你会有何感受？"学生们表示他们会因此不安和难过。"所以，"主动型老师说，"我首先要对你们如此懂事表示感谢。另外，我很高兴你们懂得了，即使世界上，甚至班里有一些人并不是你的好朋友，但是我们依然可以去学习彼此接受，相互协作，这也是真正长大的标志。"

接下来老师宣布了各组学生名单，没有一个学生抱怨——你能想象吗？主动预见型老师接着说明和示范了分组程序。学生们相互讨论，如何具体操作。这一过程同样进行得很顺利。最后，老师说每个小组的每位组员都将被分配一项工作。每开始一项新活动，重新分配各自的工作任务。接下来，在真正分组前，班上进行了充分的说明、讨论和练习。长话短说，在这年接下来的时间里，主动预见型老师都采用了分组授课的方式。

主动预见型老师的成功仅仅因为具备了预见性。她预测到了七年级学生只是孩子，不够成熟，因此需要教他们如何和组员相处，如何融入小组，在小组内的分工，以及如何脱离小组，等等。因为她设计了预案，所以避免出现了被动应对型教师遇到的问题。在她的安排和组织下，分组学习十分顺利。她提前解决了学生相处技巧、期望落实、活动组织等诸多方面可能的问题，然后再向学生们提及分组学习的事。任何时候，她都先于学生一步。

主动预见型教师和被动反应型教师的区别在于，前者主动预防，后者被动应对。其实，主动预见很容易。你只需像个孩子一样思考。我们都曾经是孩子，因此这很容易做到。以孩子的视角思考，你就可以预料他们的反应，知道如何对这些反应加以应对，让他们心悦诚服。一旦你知己知彼，就可以切换到成人模式，稳操胜券。

---

要知道这非常有趣，一旦你尝试一下，将屡试不爽！

## 小　结

进行课程计划的时候，记住下面几条：

- 如果你想上一堂漂亮的课，你必须有一份好的课程计划。
- 围绕特定的目标进行整节课的规划，目标一定要清晰明了。
- 努力使得课程充满趣味性，让所有学生融入其中。
- 记住60/40法则。
- 永远充分规划。
- 用"5分钟分割法"来管理时间。
- 在必要的时候灵活变通。
- 专注于自己可以掌控的事情，不要对不可控的事情怨天尤人。
- 目标要明确——在课程结束的时候你想让学生们学会什么东西。活动是达成目标的重要环节。
- 采取行动避免被动应对。

## 章节练习

回答下列问题可以使你对于本章内容的掌握情况有一个清楚的认识。即便对本章内容还达不到运用自如，那也没关系，相信稍加练习，你便会得心应手。

（1）我的课程计划是围绕清晰的教学目标吗？这些课程能够经过精心设计，足以在教学过程的每个环节吸引住学生的注意力吗？

（2）我总是为了完成课程目标，充分规划课程，从而避免计划不周，上课时课程内容捉襟见肘吗？我能保证额外安排的活动承上启下，同时逐渐增加难度吗？

（3）我能够运用五分钟分割法规划课程，避免课堂时间分配不合理，影响教学计划的顺利进行吗？

（4）当课堂未能按计划进行我能灵活变通吗？当课堂上发生突发情况我能克制自己以防失态，进而避免使一堂精心设计的课因为自己的不良情绪而毁于一旦吗？

（5）我能在课上用明了而又可量化的方式陈述我的教学目标吗？我能保证所有的课堂活动都无可质疑地围绕教学目标的完成而展开吗？

（6）我会尽己所能设计课堂活动活跃教学氛围，从而不断鼓励学生动手动脑，而不是一味灌输吗？

（7）我是一个在进行课程规划时尽力设想可能发生的问题，设计预案去防止问题发生的主动预见型教师吗？

你的心得：

Secret Two
The Secret of Classroom Management

秘诀2
有效课堂管理
提升个人魅力

## 谁统帅课堂

她是一位老师，但对她的课堂一点都不慎重

她努力让自己的行为举止和穿着都像她的学生，好让自己能被他们接受

当人们问她为什么要这样做时，她说：因为他们会觉得我很酷

确实，他们觉得她很酷，但是没有一个孩子尊重她

她不明白到底哪里搞错了

他们喜欢她，但是不尊重她，每天她都难过得掉下眼泪

在她的课堂上，没有人在学习，只有一天到晚的胡闹

她想努力挽回自己造成的混乱和失败

她不想再让自己显得滑稽可笑，于是终于有一天局面改变了

那天她终于意识到她是一个大人

从那天起，她换上了一身职业教师的行头

她在她的课堂上明确了纪律和规范——整个课堂议论纷纷像一个唱诗班

她的热忱充满感染力，学生们被打动了

她终于成了一位少有的、令每个孩子既喜爱又尊重的老师

## 第一节　有效的课堂教学是什么样的

我们注意到，在我们持续的观察中，发现高效的课堂看起来都惊人的相似，而低效的课堂也是惊人的相似；同样的，不管我们走到哪里，在高效能教师的课堂里，学生的表现非常相似；而在低效能教师的课堂里，学生的表现也是出奇的相似。在这里我们就这一现象作个归纳总结。

我们先看看低效的课堂，看看它们都有什么共同点：

1. 课堂看起来无组织无纪律，到处都有学生肆意捣乱。

2. 课堂死气沉沉，缺少活力。

3. 老师在那里不停地说，学生却听不进去。

4. 课堂上没有迹象表明班级设立了井井有条的纪律和规范。

5. 课堂上老师一次又一次对行为不端的学生提出警告。

6. 老师总是被动反应。

7. 教学目标模糊混乱。

8. 老师通常呆在教室的前面，极少在教室里走动，结果远离教师的位置，学生大多不遵守纪律。

9. 老师滥用学习单布置课堂活动。

10. 对违纪行为的处理缺乏一定之规，处罚的严重程度和老师的焦虑水平直接相关。

11. 老师在学生面前对自己的失意和挫败感毫不掩饰。

12. 所有的课都像一个模子里刻出来的，毫无变化，结果没有一堂课是成功的。

13. 教学技巧生搬硬套，根本不是为了改善课堂。

14. 教学缺乏积极有效的知识巩固。

15. 教师对上课缺乏热情。

我们还可以列出很多，上面列出的是一些主要特征。下面让我们换种心情，到高效能教师的课堂上去看看。（请注意高效能教师的课堂表现和低效教师的课堂表现截然不同。）

1. 课堂井然有序，各就各位，准备停当。

2. 课程内容吸引人，课堂气氛热烈。

3. 在教师的提问和引导下，课堂大部分时间由学生进行讨论和实践。

4. 课堂纪律严明，学生对班级纪律和规范了然于心。

5. 对于学生的违纪行为教师不会一遍又一遍地予以警告，而是奖惩分明。如果操作过程不顺利，磕磕绊绊，教师会安排更多练习，直至学生熟练掌握。

6. 教师具有预见性。

7. 课堂目标清晰可量化。

8. 课堂上教师不断在教室里四处走动，几乎不会出现课堂纪律问题。

9. 课堂活动很少倚赖学习单。课堂高度互动，学生全身心投入到有意义的课堂活动中。

10. 惩罚有明确原则，不会同错不同罚，而且惩罚学生的情况很少。

11. 教师不会让学生看到自己的失意和挫败感。即便纪律问题发生，教师也会平静严肃处理。很明显，教师能够自我克制，极少失态。

12. 课堂活动不断变化，以迎合所有学生的需要。

13. 教学技巧的运用经过了深思熟虑，可以有效改善课堂和学习状况。

14. 课堂上不时安排积极有效的知识巩固。

15. 教师的教学热情很有感染力。

现在，你对高效课堂的样子心中有数了吧？

───◀ ● ● ▶───

　　尝试一下我们给你描述的图景吧，让你的教学变得井井有条。管理是成功的关键。尽你所能去做吧！因为把事情安排得条理清晰，总是要比毫无准备、仓促上阵要快乐安心。

## 第二节 如何区分纪律和规范

纪律和规范是不同的。概括起来说，纪律是用来约束学生行为，防止严重行为问题发生的，违纪必究。而规范是对学生行为的一种期许，是学生应该做到的。

那么，问题的关键是什么？问题的关键在于许多教师混淆了二者的区别，因此制造了很多不必要的问题和混乱。我们在研究中发现了一个最显著的问题。我们发现很多教师在教室中张贴了十条以上的纪律条文。结果，没有一条坚持下来。例如：许多教师都规定的一条纪律是不许随便说话。而事实上，当学生上课接下茬儿时，没有任何老师能够做到随时停下来加以处罚。相反，当老师们遇到这种情况，会将一根手指放在嘴唇上，示意学生们安静，然后说他们太吵了，提醒他们上课发言要举手。最终，当局面令人沮丧地发展到无法控制，老师会说："谁再说话谁就将接受处罚！"当有学生终究没忍住上课接下茬儿，他或她就会被处罚。为了给自己开脱，免遭处罚，这个学生往往抗议道："别人都在说话，为什么只惩罚我？"这样说来，问题究竟出在哪儿了呢？问题就在于上课说话与课堂纪律无关。而老师由于没有区别开纪律和规范，错误地把本该作为规范的设定成了纪律。这里再重复一遍，制定纪律是用来约束学生行为，防止严重违纪行为发生的。因此，每次有违反纪律的行为发生，必须加以追究。

下面我们说说高效能教师的课堂上是怎样一番景象。有趣的是，高效能教师制定了有限的几条纪律，却设立了很多规范。在与这些教师的访谈过程中，我们注意到他们都很清楚纪律和规范的区别。在他们眼中，规范意味着使学生们在课堂上步调一致。下面是一个例子：

**规范**：我们一致认同上课说话之前要举手。

**纪律**：我们一致认同不能去攻击其他同学。

我们也发现无论是规范还是纪律都以积极的方式予以了表达。用"我们一致认同……"这样的表述比"你们不能……"这样的表述听起来更轻松愉悦。正可谓，小细节大不同。（在第三节，我们将告诉你如何建立纪律和规范。）

在高效能教师的课堂上，对每件事都作了规范。从走进教室，削铅笔，何时可以使用电子设备，到点名，交试卷，再到上课讲话，再到扔垃圾，等等，不一而足。学生们了解老师的期待，因此通常严格遵守规范。至于纪律，只有少数几条，而且连同处罚原则被张贴在教室中显眼位置。什么是违纪，违纪的惩罚办法一目了然。因此，纪律通常也被学生们小心践行着。

相反，低效教师的课堂上，惩罚往往缺乏原则。而且，正如我们前面提到的，纪律和规范之间并非泾渭分明。很显然，学生们并不清楚教师对他们的期望，因为对于什么是该做的并没有清晰的定义，也没有一定之规。这一令人心痛的事实往往导致混乱的发生。

在对高效能教师的观察中，我们还发现，在他们的课堂上由于确立了明晰的规范，因此极少发生原则性问题。当然，用来防止严重违纪行为发生的纪律，也很少有人去触及这条红线。一旦违纪，会立即受到相应惩处，这一点毋庸置疑。

人们经常向我们问及一些普遍的问题：当一个学生不遵守规范您会怎么做？当一个学生在课上一再随便讲话你会逃避问题，把视线移向别处吗？如果你这样做，教室内不会更混乱吗？当课上学生们一再捣乱，不专心听讲，而你又不想加以惩罚，那么该如何掌控和扭转局面呢？问得很好，接下来我们会告诉你们一些好的处理方法。

无论是我们还是高效能教师都不赞成当学生们不遵守规范时加以忽略。事实上，你必须予以重视。立即加以关注，迅速处理。据我们对高效能教师的观察，首先，一旦规范被确立，需要在班级内一遍又一遍按照规范加以演练。之后，当一位学生忘记了这条规范，老师会轻柔地加以提醒。如果不止一人没有将规范熟稔于心，全班都需要及时重新演练。而且，教师不会因此勃然大怒，暴躁失态。相反，在和学生们一起练习践行规范时，老师总是会假装以为学生们仅仅是忘记了，因此需要更多练习，而不会和学生过不去。没有一遍遍的警告，虚张声势的威胁，以及滥加惩罚。这些练习进行得迅速而又高效。

但如果学生习惯性地上课讲话，即使经过教师提醒和不断练习也屡教不改呢？我们发现高效能教师是这样处理的。首先，提醒学生遵守规范。如果不奏效，不再让全班一起练习这项规范，因为这不但浪费时间，而且对那些遵守规范的学生来说也不公平。相反，高效能教师会找这位学生做一次单独谈话。谈话过程中，教师会再次提醒这位学生规范做法，并表示相信学生一定可以做到。如果谈话也不起作用，教师会在课余时间为学生安排单独练习。（顺便说一下，这个方法适合所有年级的学生。）现在，猜一猜在你的指导下，这位学生在单独练习中需要花多长时间才能安静下来。不会太长时间。这一过程大约需要一至两分钟，而且这位学生将被告知在必要的情况下老师很乐意去指导他/她加以练习从而达到熟练掌握。善用心理战术，成效一定不凡！

让我们再假设一种最极端的情况。如果以上办法均没有效果，这位学生依然积习难改，怎么办？如果这样，就把这条规范变成纪律，当然只针对这位学生。这样一来，一旦这位学生再在课堂上随便说话，就对他/她施以相应惩处。但是这个方法应该留作最后的杀手锏，而且这种情况发生的机率很小。

至此，我们再重述一遍。纪律的设立是为了防止严重的冒犯行为，而且违纪必究。其他不当行为都归为规范的纠查范围内。规范的遵守需要经过教师指导和学生的一再实践。关键是要一以贯之。

本节的主旨是，在高效能教师的课堂上，纪律很少而规范很多。每个学生都知道该做什么，怎么做。如果一个学生选择违反纪律，必然按照预先设立的纪律规定加以惩处。而如果规范没有遵守，教师会予以提醒，并帮助学生再做练习。

> 如果你想要课堂秩序井然，你需要明晰课堂的纪律和规范，并且一以贯之。

## 第三节  怎样建立起纪律和规范

现在我们都已经很清楚纪律和规范的区别了，接下来我们要看看那些高效能教师们是怎样建立起它们的。我们先从纪律开始。

高效能教师只设定很少的纪律，不管在哪里，一般都只有三到五条。以下是他们建立纪律的步骤（我们会一步一步地教你这些步骤，一旦你明白了这些步骤，你就可以将它们应用在实际中，建立起你自己的课堂纪律）。

**步骤1**：确定包含哪些纪律。例如，你可以设定这样的纪律，让学生必须在上课铃响之前进入教室。这往往是学校的校规，因为我们不能让学生在本应呆在教室的时间里在校园闲逛。

**步骤2**：明确学生违反纪律后的惩罚措施。例如，如果一个学生不能在上课铃响之前进教室，那么他必须上交一份迟到检讨。当然，这里有例外的情况，如果有别的老师或者教学主管对学生的迟到负有责任，那么这个学生必须向其索要一份便笺，说明迟到原因，再进教室。如果你确定该生有两次迟到记录（不包括有正当理由的），你可以通知其家长。如果这种违规行为经常发生，那么教学主管就要确定下一个措施了。请注意，这是一条纪律，因为反复迟到可能是严重行为问题的开端。你绝不能让学生在上课时间在走廊或操场闲逛。

**步骤3**：高效能教师会首先和学生谈一下各项纪律及设立的初衷。之前你已经设立好了纪律，不要只是亮出纪律或者用任何威胁性的语言去宣布纪律。相反地，你可以通过一次讨论，让学生谈一谈这些纪律的重要性。通过精心设计的引导性提问让学生认识到自己了解了这些纪律。有关这个上课迟到的例子，典型的提问和对话是这样的："我知道，这一年大家都想尽最大的努力学到尽可能多的东西，我向你保证我会尽我所能让你们学好。你们知道，我在乎你们中的每一个人，我也在尽我最大的努力成为我能成为的最好的老师。现在，我想我们不需要那么多的纪律了。你们觉得呢？"学生一般会同意他们不想要那么多的纪律。接着老师会说："好吧，让我们试着只要三项纪律。正如我刚才说的，我想让你们今年都能学到尽可能多的东西。你们觉得，对于学东西来说，上课的时候待在教室里是不是很重要的一件事情呢？"学生往往会同意。当然，不排除某个"精豆子"会说他不上课能学得更好。这时，老师可以忽略这点将谈话继续，或者更加"聪明"地说："我曾经有一个学生也像你这样想，我让他尝试了一年，结果效果并不好，所以谢天谢地你不用再进行这样无用的尝试了。"然后继续说："所以我们达成一致要准时进教室，这将成为一条很好的纪律。"你还可以跟他们说，作为一名老师，上课铃一响起你就对学生的安全负有责任。

因此，出于法律义务，你要你所有的学生在上课的时间内都安然无恙。要注意的是，你说话的方式会决定他们接受这条纪律的程度。

如果校规有不允许迟到的规定，那么你可以告诉学生，你要求他们遵守所有的校规。根据校规所述，如果学生上课的时候不能按时进入教室，那么他们就必须上交一份迟到说明。不管是什么样的惩罚措施，你都必须让学生清楚明了。

**步骤4**：让学生帮忙为每项纪律考虑措辞，用清楚明白和尽可能积极的语言来陈述每项纪律。例如："我们同意我们要在上课铃响之前进入教室。"

**步骤5**：连同违反纪律时的惩罚措施一起，将这些纪律条文张贴起来。

**步骤6**：把这些纪律及相应的违纪惩罚措施复印一份寄给每位家长。

**步骤7**：一以贯之地执行这些纪律。

好了，就是这样！那些低效的老师们往往会犯两个普遍的错误。第一，他们设立了太多纪律；第二，他们不能坚持执行这些纪律。

说完了纪律的设立，下面我们来说说规范。在我们告诉你高效能教师如何设立规范之前，我们可以给你列一张广泛适用的单子（这张单子并未包含所有情况）来告诉你，哪些典型的事情需要设立规范：

◆ 如何进入教室

◆ 进入教室的时候要做什么

◆ 怎样上交试卷

◆ 当需要削铅笔的时候要怎么做

◆ 如何以及何时可以使用电子设备

◆ 当希望讲话时如何请求准许

◆ 怎样分组学习

◆ 怎样去吃午餐

◆ 怎样离开教室

◆ 在消防演习中要怎样做

当然，如果我们继续列下去，还有很多事情需要设立规范。

这里很重要的一点是，高效能教师不会在第一天上课的时候就设立所有的规范。相反地，他们会先确立起那些最为重要的规范。在上课的第一周里，他们会逐渐地每天增设一些规范。同样有一点非常重要，当有新的需求时，你可以设立新的规范。

以下是高效能教师设立规范的步骤：

**步骤1**：向学生们陈述规范，告诉他们遵守规范的重要性。

**步骤2**：向学生们示范这些规范，确切地告诉他们你希望他们怎样做。

**步骤3**：和学生一起练习这些规范。

**步骤4**：当你打算让学生践行规范之前，让他们回忆这些规范；当他们做得好的时候，在这一整年都时常表扬他们。

**步骤5**：如果有学生不遵守规范，让他多加练习。（正如我们在上节提到的那样。）

**步骤6**：执行规范时保持一贯性。如果你的规范是当你需要学生注意的时候，你会举起手来，那就不要通过叫他们安静、请求他们听你说、提醒他们没在听、开关灯等方法来达到这一目的。

---

记住：纪律必须有相应的惩罚措施，而规范没有。如果你能贯彻执行下去，你就会有很好的课堂纪律！

## 第四节 如何善加提醒和练习

---

邻居家门口的限速标志不仅仅是为游客准备的，而是为包括你在内的所有需要提醒才想起这一点的成年人准备的。作为教师，你就是你们班的"限速标志"。

即便你所有的邻居都已彼此相处多年，而且从未有游客到此一游，各家门口的限速标志依然存在。为什么？难道你和你的邻居不知这些限速标志为何物吗？当然不是。那为什么市政府不移除这些标志呢？因为即便是成年人也需要不断的提醒去遵纪守法。然而，这一事实，时而会被成人遗忘，当学生们忘记遵规守纪时，他们往往焦虑不安，谴责道："这些学生明知自己该做什么，怎么做，他们根本不是忘了，而是有意的！"那么，这些成人自己可以辨识限速标志却见到后没有减速慢行该作何解释呢？成人和孩子都是人，都需要在适当场合得到旁人的提醒，善意纠正自己的错误，于人方便于己方便。

我们不建议你当学生违规时总是将视线移开，逃避问题。当学生违纪时，你不应该坐视不理。值得庆幸的是，多数情况下，学生们忘记遵守仅有的几条纪律的时候要比忘记遵守规范少。我们建议你对学生的期望要保持一贯性，当学生回答问题支支吾吾时，不要暴跳如雷（这可能是真实图景也可能只是比喻）。如果学生们违纪了，按规定行事，加以了结。如果他们没有遵守规范，就指导他们多多练习。（资料来源：《从优秀教师到卓越教师》*Making Good Teaching Great*，作者：布鲁肖、威特克尔，Eye on education出版社，2012年版，第8页。）

以下是两位老师分别用高效和低效的方法来处理同一种情况的例子。

**情景**：学生正在去吃午饭的路上，有一个学生没有遵守规范（假设去吃午饭的规范是学生应该排成单列，不许说话）。这个学生在队列中和别人讲话。

**低效的处理方法**：老师对这个学生讲话的行为视而不见，直到他的声音变得越来越大。老师上前去警告这个学生不要讲话，然后继续和同学们一起走。然而，老师一走开，这个学生又开始讲话了，接着，其他几个学生也开始讲话。老师警告另一位学生不要讲话，那个学生说："我又不是唯一一个讲话的。"于是老师说："一会儿谁再讲话就直接到办公室去！"不到一分钟，就有一个学生走在了去办公室的路上。

在上面这个案例中，这位老师并没有贯彻执行规范。首先，她对学生违反规范的行为视而不见，进而让问题变得更加糟糕。当学生继续讲话时，她给了学生一个警告。很快，问题变得难以控制。接着她采取了威胁的方式。最后，随着老师挫败感的加剧，这条规范终于变成了一项纪律。

**高效的处理方法**：当第一个学生开始讲话时，老师会阻止他并对他说："噢，难道你忘了吗？我们去吃午饭的规范是怎么说的？"（注意，老师的话语里没有丝毫的讥讽和失意，相反地，她的表现就好像真的相信学生只是忘记了这项规范，而她加以提醒而已。）猜猜接下来会发生什么？这个学生马上不说话了。问题解决了，不是吗？通常是的，但也有例外，比如：过了一会儿，这个学生又开始讲话了。这时，老师会把学生拉到一旁，十分真诚地对他说："好吧，我觉得你对于记住规范有些困难。不用担心，我也经常记性不好。我知道在自己的同学面前经常忘记规范是很难为情的，我可以帮你。等一会儿大家都去吃饭的时候，我可以拿出我的一些午饭时间来陪你练习。不用担心，我不会介意的。我只是想帮你好好复习一下这项规范，这样你以后就不会在同学们面前出丑了。"老师的话语里没有丝毫的挖苦，她的表达就像在帮助学生而不是在惩罚学生。当大家都进了食堂之后，这个老师让别的老师帮忙照看她的班级，然后就去陪这个学生练习规范了。你猜怎么着？这个学生一下子就做对了。老师问："你觉得我们还需要再复习一次吗？虽然我已经很饿了，但我还是愿意帮你。"这时学生肯定会说"不用了"，然后向老师保证他以后都会遵守规范。最棒的是，这个学生真的以后都遵守规范了。

在上面的案例中，这位老师做了两件事情：第一，她非常清楚这个规范是什么，当学生违反规范时，她马上就指了出来；第二，当学生再次违反规范时，这位老师很好地应用了一些经典的心理学技巧，让它不再发生。她没有发脾气，相反地，她表现得就好像真的因为关心学生在同学面前违反规范而"难为情"，所以牺牲自己的午饭时间陪他练习。你看，这并不是很复杂的事情！这需要"比自己的学生更聪明"。

当你的学生不遵守你的纪律和/或规范时，很简单，就像那位高效能教师做的那样：清楚地设定你的纪律和规范，然后坚持贯彻执行，让学生们为自己的行为负责。

> 学生忘记规范和纪律
> 绝不应该被当作傻子
> 当他们一次又一次"忘记"，只需加以提醒
> 谢天谢地，忘记并非一件罪行

## 第五节　如何让课堂有始有终

有一天，一位老师对她的学生说："我们离下课铃响还有两分钟。如果大家现在可以安静下来，我们可以不再做其他事情，好好休息一下。"你猜接下来会发生什么？你觉得学生们真的会保持安静吗？他们当然不会。结果这位老师很不高兴，只好跟她的同事抱怨说："我努力地对他们好，想让他们休息一下，结果他们竟趁机讲话。他们真是太不领情了。唉，现在的孩子啊！"

这位老师把这个故事告诉了我们。她后来认识到，这并不是学生的问题，也不是老师的问题，更不是说不能对学生好，问题在于，在这两分钟里学生们没有事情可做。老师应该意识到，如果你不让学生（不管什么年龄）做些什么事情，他们会自己找些事情来做的。

这个故事要告诉我们什么道理呢？我们可以像高效能教师那样去做：永远不要让你的学生无事可做，要让他们总处于忙碌中，从上课铃响到下课铃响。你让学生越有事做，他们捣乱的时间就越少。同时别忘了，你越让他们有事可做，他们就越能取得更好的成绩。

请注意，我们这里说让他们忙起来，并不是说你要给他们布置一大堆练习，或者让他们去阅读无数课文的章节，抑或让他们去解释整个生词表。请不要以为给学生留很多在电脑上完成的作业，他们就会更感兴趣。电脑上完成的繁重功课依然是功课，学生不会不明白这点。这些功课会让学生感到厌烦，因为他们不知道为什么要做这么多功课（我们会在另一章里阐述这个问题）。当学生不知道做作业有何意义时，他们就会不加理睬，不是睡觉就是捣乱（而后者往往是孩子们更愿意做的事情）。

课堂教育是指带你的学生在课堂上从头至尾做些有意义的活动。当下课铃响起，如果你的学生说"已经下课了么？"那么你就成功了。学生在这些有意义的活动中忘记了时间，你应该也有同感。

有一句格言是这样说的："当你沉浸在快乐中的时候，时间就会飞跑。"同样，我们也可以说："当你投身于有意义的事情时，时间就会飞跑。"

> 让孩子们一直保持忙碌，让他们没有时间捣乱。学习的热情会高涨，学生的知识会增长，而你会发现，课堂时间会在不知不觉中飞跑！

## 第六节　如何未雨绸缪防患未然

一个学生将要违纪之前会有什么迹象呢？信不信由你，即使是最无能的老师也可以回答这个问题。父母，老师，乃至任何一个经历过童年的人都知道这个问题的答案。然而，最好的老师有别于其他老师的地方在哪儿呢？在于他们不会"静待"违纪行为的发生。最好的老师进行的工作是"防火"，与之相对，低效能教师只能忙于到处"灭火"。

最好的老师确实很少遇到学生违纪方面的问题。和一般老师的理解不同，这并不是因为最好的老师们每年都收到最好的学生，而是因为他们良好地践行了这本书中讲述的7个秘诀。他们很好地组织课堂的各个环节，很好地进行前期备课；他们的一举一动中透露出积极向上的生活态度；他们也能够一如既往地按既定原则行事；他们积极地将学生融入课堂；他们热爱教育工作，在任何情况下都保持着职业操守；他们的课堂到有始有终，他们享受着师生之间的融洽关系所带来的快乐。

我们把问题过于简单化了吗？当然没有。最好的老师采取必要的措施来预防孩子们的违纪行为。这意味着没有孩子在他们的课上犯错吗？答案是否定的。然而当一个孩子偶尔犯错，会有一个事先预备好的程序化的计划来加以应对。快速、专业、始终如一地应对学生犯的错误是防止未来类似问题发生所应采取的积极措施。

## 课堂情景分析

我们来观察一下两位老师的课堂，甲老师和乙老师。这是学期开始的第一周，他们教同样的学生，他们都面临着学生们有课堂小动作的问题。下面让我们进入甲老师的课堂。

### 甲老师

学生们在计算机房结成对子练习，甲老师四处巡视，提供帮助并解答问题。甲老师注意到瑞森正在呆坐，做着白日梦，而他的同伴则在计算机上忙碌着。甲老师走上前，对瑞森说："你们进行得怎么样了？"瑞森猛然回过神来，继续自己的任务。接着，甲老师注意到萨拉正在努力吸引不远处佩姬的注意。二人攀谈起来。甲老师打断了她们，叫了一声："萨拉。"萨拉以为自己被逮个正着，马上不作声了。甲老师笑了笑，说："今天你离开机房前提醒我告知你些事情。我怕我忘了，所以请你到时提醒我。"萨拉点了点头，如释重负地长出了一口气。老师发现她闲聊了吗？萨拉也不确定。但她确实马上回到任务中去了。顺便说一句，其实甲老师并没想好离开机房后要告诉萨拉什么，但这是让萨拉继续专注于学习任务的最好方法。而且她是老师，言出必行，她必须想好到时说什么。

回到教室座位后，学生们继续花几分钟时间独立写作业。甲老师注意到格兰特呆望别处。甲老师走过去轻声说："我敢说你碰到了困难。你需要帮助吗？"甲老师看出格兰特不能理解作业题目，于是她稍加辅导，格兰特便忙了起来。

不一会儿，下课铃响了，这堂课结束了。这些学生来到了隔壁乙老师的教室。同样的学生，同样的挑战，不同的处理结果。让我们看看乙老师是如何把事情弄糟的。

### 乙老师

开始上课，乙老师和全班进行一次讨论。瑞森的心不在焉从甲老师的课堂上结束之后，又在乙老师的课堂上演。乙老师注意到瑞森在走神，她停止了讨论，然后盯着瑞森。全班鸦雀无声，瑞森从白日梦中惊醒，注意到老师咄咄逼人的目光。乙老师用一种几近于挖苦的口气说："瑞森，我很高兴你决定加入讨论。"瑞森自卫式反击说自己一直都集中注意力在听。为了证明自己是对的，乙老师问了他一个刚才讨论的问题，瑞森当然回答不出正确答案。这让瑞森更生气了，反抗心理陡然而生。他决定要报复。可能今天，可能明天，他会报复她，因为乙老师当众羞辱了他。在剩下的课上他都撅着嘴生气，完全没有心思知道课堂讨论的内容。讨论继续进行，萨拉试着吸引佩姬的注意。乙老师径直走到萨拉旁边，说："嗯哼，你需要佩姬递给你什么东西吗？"萨拉坚持说什么也没发生。再一次，反抗心理出现了。萨拉决定在课后和瑞森商量商量。也许同病相怜的他们可以联手报复乙老师，在剩下的课上萨拉也什么都听不进去了。

　　稍后，当学生们正在做书面练习，格兰特又习惯性地发呆。乙老师直截了当地告诉他，如果他不想放学后被留下，他最好现在开始写作业。格兰特还是什么都不做。乙老师再次警告了他，格兰特说他不明白老师希望他们做什么。乙老师继续威胁他，很快他就因为故意违反课堂纪律而被送到办公室。萨拉把他的名字也加入到了同病相怜并联手报复的行列中。他们的力量不断壮大！

## 结　语

　　作为老师，你永远面临一个选择。对待纪律问题，你应该未雨绸缪还是被动反应。如果你能时刻做到防患于未然，在问题恶化之前将其扼杀在萌芽状态，你的处理方法将取得非常明显的效果。如果你被动反应，失去理智，感情用事地处理这些问题，丝毫不担心学生会再次发生这些行为，那么你的方法所取得的效果将非常有限。

记住，如果你可以"防火"，就永远不要使用灭火器。

## 第七节　如何不成为一个歇斯底里的老师

想象这样一个情景（当然我们不是让你这样去做）：你来到一所完全陌生的学校，你把所有的学生召集到礼堂里问他们："你们的老师里谁会吼学生？"你觉得学生回答得出这个问题吗？你可以打赌他们肯定回答得出，而且百分之百的正确！

事实上，在任何学校里，学生们都知道答案，家长知道，校长也知道，唯一不知道他们已经声誉扫地的是这些吼学生的老师。他们不知道自己这样的行为在别人看来是多么的有失师表。如果他们知道，他们可能不会这样做。

没有老师想让自己有违师表。事实上，他们吼学生往往是因为他们在学生的屡教屡犯中失去了控制情绪的能力。然而，一旦你向学生怒吼了，你就是在公开地告诉别人你完全失控了——包括对你自己的控制，以及对整个课堂环境的控制。

现在你应该这样想：我们是老师，我们要为学生树立起榜样，我们希望影响他们现在的行为，甚至影响他们将来要成为什么样的人。我们要教给学生最重要的一点是，在任何情况下，虽然我们控制不了别人的行为，但我们总是可以控制我们自己。因此，作为一名老师，对学生大吼大叫永远不应该成为我们的一个选择——当然，除非是你见到一个学生正在公车前乱跑！

是的，做老师有时是会很受挫，学生经常会很恼人。但他们是孩子——那是他们的天性！而我们作为老师，我们的天职是和蔼地去引导他们，教他们学习去爱和尊重他人。

那么当学生不听话的时候，你可以做什么而不是吼他们呢？你可以像高效能教师那样做：和蔼而严肃地和他们解决问题。你可以对事不对人。学生越不能自控，高效能教师就越应该能控制自己。高效能教师都认为，无论如何，朝学生怒吼都不是一种正确或有效的方法。那么这些老师是怎么控制他们自己的呢？他们只是努力坚持这样去做罢了，那就是不管问题有多糟，永远不要有失师表。

### 永远不要怒吼

你朝我咆哮，我也回敬你一声怒吼——我们除了这个还能做什么
我们咆哮得越来越厉害，嗓子愈发的痛哑，气氛愈发的紧张
直到最后，我们都筋疲力尽，再也吵不下去了
只有尴尬地站在那里，一点都不觉得光彩
非要我一定是"对的"，到底有什么意义

争个你死我活，就是为了到头来失去了相互间的尊重和信任吗

或许，如果我们愿意倾听对方的话，我们可以各让一步

下次说话的时候，认真地聆听对方的话吧

如果我们都能那样做，也许我们就能发现

当我们大声争吵的时候，根本就不可能达成任何共识

## 小 结

关于课堂管理，请记住以下几点：

● 按照我们在"有效的课堂教学是什么样的"那节中为你描述的图景去管理你的课堂。

● 记住，纪律要有惩罚措施，而规范没有。

● 让学生自觉地去遵守课堂纪律。

● 纪律和规范的执行要有一贯性。

● 让学生时刻忙碌，这样他们就没时间胡闹了。

● 对你的课堂纪律问题要有预见性。

● 不要成为一个歇斯底里的老师。

● 要明白，当你的学生越无法控制自己的情绪，你就越要能够克制自己的愤怒和沮丧。

## 章节练习

回答下列问题可以使你对于本章内容的掌握情况有一个清楚的认识。即便对本章内容还达不到运用自如，那也没关系，相信稍加练习，你便会得心应手。

（1）本书第40至41页列出的高效课堂的几种表现，我的课堂能做到几条？即便不是全部达到，能达到大部分吗？

（2）我清楚纪律和规范的区别吗？

（3）我建立了一套清晰明确的纪律和规范，并且使学生们准确无误地了解了吗？

（4）每次学生违规犯纪我都知道如何处理，并且处罚坚持原则吗？

（5）我能让课堂教学有始有终，明白学生越忙碌越少时间发生行为问题吗？

（6）在我的课堂上，当一个学生正在或将要行为不端，我能消灭问题于无形或萌芽状态，从而让问题的不利影响最小化，使学生回到课堂任务上来吗？又或者我只是当行为问题发生后被动反应？

（7）我下定决心，无论学生在课堂上作何表现抑或无论我因此愤怒或沮丧到何种程度都保持镇定，并且具有职业涵养吗？

你的心得：

# Secret Three
## The Secret of Instruction

秘诀3
## 激情教学散发魔力

## 让梦想成真

我真的没有意识到为什么我需要知道这些知识

你说我要是不学习它，我必定完蛋

但是我需要更好的理由来解释为什么要学习这些东西

它既繁琐又不着要领，学起来很难

每次我对学习厌烦的时候，我就会走神

做白日梦直到放学的铃声响起

这意味着我没有学会它以至于考试失败

也意味着我惹了麻烦，我的父母也为之发疯

但是我的功课落下太多，即便补考也不能通过

于是下一年——我又一次到了你的班上

我上学年没有学会它，现在也如此

求您，老师，请让我的愿望实现，这样我就可以在5月份的时候继续学业

## 第一节　如何让生活和教学紧密相连

当问到"什么是生活性教学"这个问题的时候，多数老师认为生活性教学就是将老师所教的技能跟现实生活联系起来。他们的回答部分正确，因为他们很可能错过了生活性教学定义的最核心部分。许多老师会教授学生一些未来生活必需的技能，但问题是教授这些技能的方式方法枯燥乏味，学生并不感兴趣。这意味着，学生所学的知识与当前的生活完全脱节。生活性教学是指将技能教授与学生的现实生活相联系的教学。

为了说明"为现实生活教学"和"为学生们的现实生活教学"的区别，我们邀请你跟我们进入两个老师（甲老师与乙老师）的课堂。

甲老师正在尽其所能地进行教学，但是她不太清楚生活性教学的真实含义。乙老师明白，生活性教学是根据所教技能对于学生生活的重要性来传授技能。

以同是教授代词为例，先让我们观察一下甲老师。

## 甲老师

甲老师让她的学生拿出英语书，翻到24页。经过一阵骚动，学生终于慢慢吞吞准备好了。甲老师宣布今天他们将学习代词，她朗读书本上对代词的定义："代词代替名词。"然后她指出定义下面所列举的代词。她要求学生在笔记本上写下代词的定义（和一系列的代词），或者将定义打在电子笔记上。接着，甲老师在黑板上写下一个句子："波比去了超市。"她向学生指出名词"波比"可以被代词"他"代替。接着，她在黑板上写了另外几个句子并叫几个学生将选定的名词换成合适的代词。在这个活动之后，甲老师要求学生完成教科书上的练习A。他们必须在练习A中将代词画出来。值得注意的是，没有一个学生表现出任何的兴奋和热情。很多学生在课堂上讲话，甲老师几近央求地要求其中的一些学生"抓紧做作业"。

有一个学生问："为什么我们必须知道这些？"甲老师回答说："为了正确地说英语你必须知道这些。如果你不能正确地说英语，长大之后就找不到一份体面的工作。"当然，这个答案并不能让提问的学生满意，他意识不到代词跟他现在生活之间的关系。

当练习完成后，甲老师在课堂上给出了正确答案。可想而知，接下来就是练习B，最后是关于代词的令人生厌的家庭作业。毫不意外，在星期五将进行代词的测试。事实上绝大部分学生都能通过测试，但是，他们中是否真的有人能意识到如果他们的语言中没有了代词，他们的生活将受多大的影响？他们是否知道代词为何存在？是的，他们可以解释代词是用来替代名词的，但是他们知道为什么吗？在这样的教学方法下，只能靠他们自己明白这些，但是绝大部分学生都没有做到。

现在，让我们见识一下另外一堂完全不同的，也是关于代词的课，这堂课发生在乙老师的教室。

## 乙老师

乙老师会心地微笑着说："我写了一组词语在黑板上，现在我们尝试去避免用到这些单词。"请注意他压根儿就没有提到教材，所谓"代词"，以及任何相关的东西。相反，他让保罗说一些关于自己的事情，但是不要用到黑板上的词语（当然，黑板上的单词都是代词）。保罗开始说："我想要……"乙老师立刻打断了他："你用了'我'，它已经被列在黑板上了。"保罗想了想，不知道如何不用"我"来讲一些他自己的事情。这时乙老师说："保罗，我将给你一段时间想一想，现在让贝丝试一试。"贝丝也陷入了困扰。乙老师提示他们必须在提到自己时用名字来表示。他举了一个例子，同学们似乎明白了。但是接着他们都笑了，因为他们觉得用自己的名字称呼自己听起来很尴尬。乙老师接着让学生在本子上写一句关于自己的话，同样不能用写在黑板上的词语。接着学生们大声地将写下的句子读出来，他们都积极参与其中。

然后，乙老师将一小段话用投影仪打在黑板上说："让我们在这个段落中找出列在黑板上的单词并且画出来。"他们画出来的单词必须用不在黑板上的单词代替，也就是说，他们必须将代词用它们所表示的名词替代。但是，乙老师一直没有提到像"代词"和"名词"这样的术语。当然，所有的代词被替换掉后，这个段落听起来很别扭。

现在继续下一个活动（注意，每一个活动都是很简洁的，这样可以保持趣味性并且能使课堂的进度较快）。这个活动中，老师让一个学生用平常对话的方式说一点自己的事情。他必须努力避免用到黑板上的词语（代词）。如果他用了，全班同学都叫"停止"，接着另一个同学得到了一次机会。

你看，这样同学们就能明显地发现这些词语（先不管这些词语是什么）在我们的语言中是不可缺少的。没有它们，我们将很难说话和写作，甚至思考都成问题。

最后，乙老师终于告诉全班同学这些词语叫作"代词"，它们的作用是代替名词。他让学生们说说前面环节的活动发生了什么，并且讨论不用代词的时候情况有多么糟糕。

"那么你们认为为什么语言中必须有代词？"老师问道。所有的学生都明白了代词并非为了代替名词而代替名词，而是为了使我们的语言更加流利、听起来更顺畅。事实上如果没有代词，我们的日常生活将受到非常大的影响。就算是完成一个句子都会遇到麻烦，更别说将自己的想法传达给别人。

你看到一旦学生明白了他所学的技能如何紧密联系他们的生

活，教学效果将有多大的不同了吗？事实上，如果什么事情看起来跟我们相关，我们将对它充满兴趣。一旦我们感兴趣，在学习任何相关的东西时，都更加容易。

请注意我们没有任何反对使用教科书的意思。事实上乙老师在揭示了代词和现实生活的关系后，也会让学生们完成教科书上的一个练习。

在揭示其与现实之间的关系之前就向别人传授东西，在实践上是徒劳的。这就是使一流老师跟其他老师区别开来的关键——他们在教任何东西的时候，都让学生将当前生活跟这些知识联系起来！我们强调"当前"，是因为有很多像甲老师一样的老师，都教导学生：这些技能在他们长大后的某一天会有重要作用。孩子们不能考虑到"某一天"，甚至高中阶段的高年级学生也只能考虑到星期五晚上。

> 所以通过将知识与学生的当前生活相结合，可以让你的课堂更加生动和吸引人！

## 第二节　怎样让学生积极参与

也许"学生积极参与"这样的术语应该换成"学生意向参与"。让我们解释一下。在给定的课堂里，只要学生到了，就有学生积极参与。但是，在一些课堂上，学生积极参与到白日梦中，积极参与到睡觉的行列，积极参与到关于最新护发技术的讨论，积极参与实践最新的护发技术（你可以想象到了）。我们坚信，有了这样的积极参与，教室中发生的一切根本不符合老师的意图。

所有老师都愿意看到学生积极参与到有趣的、目的性强的学习中。那为什么在其他教室，这种情况不能成为一种常态呢？原因在于不是所有老师都在做最优秀的老师做的事情。这就是我们写本书的目的——跟所有老师分享最优秀老师的成功经验。所以，考虑到学生的积极参与，最优秀的老师设计课堂活动让学生参与到每堂课的每一个环节。是的，学生做该做的事情，这就是意向。学生积极参与既不是巧合，也不是受人欢迎的惊喜。

那么他们是怎样做的呢？最好的老师针对学生设计特别的问题；他们预先估计学生的问题；他们决定以最好的方式让学生将生活经验与新教授的技能联系起来并加以理解；他们设计活动，促使学生思考、推理、分析和提问，直至理解。

**说明**：学生积极（意向）参与不是仅仅为小学课堂准备的！学习是一个积极的过程，没有年龄限制。但是，正如我们经常在教室中看到的，年级越高，学生积极参与程度越低。这是一个错误，就像为了让学生为大学生活做好准备，我们要让他们记大量的笔记和独立阅读大量长篇累牍的文章一样，都是不正确的。当然，也不是说所有的中学老师的教室里都缺乏积极和有意向的学生参与。需要指出的是，从小学到中学，太多的教室非常缺乏这样的参与。再一次强调，这是区分高效能教师和低效教师的一个重要因素。

进入一个好老师的课堂，你很难看到学生静静地坐在那里做繁重的作业。与之不同的是，你可以看到和感受到兴奋、质疑、个人和集体问题的解决等等。相反，在低效能教师的课堂上，课堂气氛总是很沉闷，死气沉沉。有些时候，老师指责学生缺乏积极性和教材不太生动："这些学生不能太活跃，他们争论、说话，局面将完全不能控制"，或者"我不能使课堂生动是因为题材的原因"。

考虑到我们所相信的变成了现实，站在理性的角度讲，这些老师的课堂严重缺乏学生的积极参与。关于积极性的缺乏，我们可能该加上另外一种解释："我就是这样学的，我挺过来了！"那么，不妨想一想，很久以前，麻醉剂包括一颗子弹和一瓶威士忌！当然，这在当时并不是错误和糟糕的事情，因为找不到更好的方法。而且尽管痛苦至极，人们却能忍受下来。但是今天，如果你进入手术室，准备接受手术，却发现一颗子弹和一瓶威士忌被递到手上，你将顾不上脱掉手术服就冲到大街上。这是因为你知道还有更好的办法！教育同样是这样，我们知道有一条更好的路径！

感谢今天科技的发达，老师们可以无障碍地获得网络上的免费资源，而且可以在互联网上和世界各地数以万计的老师们分享自己的见地。互联网上关于任何学科领域、任何技能的研究都可以瞬间让你获得灵感、建议、课程计划的思路、活动设计的素材，去让你的学生最大限度地热爱课堂。互联网让这一切成为了可能。

## 第三节　怎样让所有学生都成功

最好的老师都确信：如果你想让一个学生成功，你必须先让他感受到成功。乍一看好像矛盾，但实际上不是。有一句古老的格言："成功孕育成功。"最优秀的老师拒绝相信世界上有任何学生不能成功完成的事情，他们从不放弃任何学生。事实上，看似成功可能性最小的学生往往从优秀老师那里得到最大的关注和最多的耐心。相反，在一般老师的课堂里，这样的学生经常被忽视。我们相信，原因仅仅是这些老师不知道怎样帮助这些学生成功。

那么，你怎样让任何学生都成功呢？答案是：根据他（她）的水平施教！我们又自找麻烦了吗？不，我们仅仅是在说明一个事实，这个事实就是任何人可以接受的只能是他（她）自己的学习水平。受过良好教育的人经常争论我们应该根据"年级水平"还是"个人水平"来教育学生，我们也因此倍受困扰。再一次强调，你只能根据一个人的水平来进行学习，那个人就是你自己。

比如你学习一门外语。假设你被安排到一个课堂上，班里其他人学习这门语言已经很久，语言表达流畅自如。而你，完全是一个新手。于是，最终你将明白不管你怎样尝试，你都不会成功学会并且运用这门语言，因为你错过了基础课程。你不久将在二者中进行选择：或者你退出，或者成为课堂中的问题人物。毕竟，当你弄不明白课堂上的人在说些什么和做些什么的时候，你还能做些什么呢？但是再设想一下，如果老师意识到你缺乏该语言的听说技巧，于是改变你的课堂活动，促使你成功呢？通过教授语言的基础知识，老师可以很快使你取得一些成功。因为成功是使人奋进的，你将试图通过更大的努力来取得更多的成功。这就明显是成功的教学了！

让我们明白这个事实，我们清楚同时满足不同水平学生的要求是不容易的。这就是为什么有效的教学是一门真正的艺术。只有艰苦的付出，才有好的回报。（在第四节，我们将探讨一些高科技手段，来帮助你结合学生水平更轻松、更高效地开展教学。）

事实证明，没有其他方法胜过因材施教。作为老师，想方设法确保每个学生成功是我们的责任和目的，而不仅仅是使大部分学生成功。

> 因材施教，他的成功能使你俩都欢欣鼓舞。一次成功能通向另一次成功——没有比它再好的方法了。

## 第四节 如何高效应用高科技手段辅助课堂教学

当今社会，高科技无疑是通往世界心脏的一条主动脉。它渗透在我们日常生活的方方面面。因此，教师们没有理由再说："我不会用高科技。"那等于是说："我完全不擅长教今天的学生们。"因为今天的孩子生活中到处围绕着高科技，远不止视频游戏和智能手机。如果我们要教今天的孩子们，而且使他们具备适应当今和未来世界的能力，我们必须不断学习去正确使用高科技，并将它们整合到我们的课堂里。

下面是高效能教师在课堂中应用高科技的一些方法。需要说明的是，它们绝不是全部。我们尽力避免在这里分享一些网站、软件、程序，等等。因为网络资源数不胜数，我们不想厚此薄彼。最令人喜出望外的是，大部分网络资源是免费的！教学中缺乏创新点子的日子一去不复返了！

在课堂上应用高科技的途径：

1. 建立一个班级网页去分享班里的大事小情，和家长们沟通，通知将要布置的作业和教学计划等等，总之用处多多。

2. 创建数字抽认卡。

3. 为学生发送虚拟寻宝活动信息。

4. 通过视频会议，让身处世界任何一个角落的学生彼此沟通交流。

5. 充分利用在线图表生成器、地图制作工具、评价量规制作工具、思维导图，等等。

6. 使用免费在线软件，让学生们在上面写故事，添加插图、视频及解说文字，等等。

7. 存取所有学科领域可供使用的免费在线学习游戏。

8. 让学生们在线参与学习目标设置及进度跟踪。

9. 使用虚拟教具教授数学概念。

10. 为不同阅读水平的学生提供经过改良的在线互动文本供学生练习。

11. 利用在线软件，为提早完成学习任务的学生制作任何学科的游戏供学生复习和进行有意义的练习，以及为学生提供辅导。

12. 允许学生参与在线项目，创作幻灯片演示文稿，组织网络研究，等等。

13. 鼓励学生使用数字百科全书，数字辞典以及数字字典。

14. 存取为学生学习各个学科设计的免费网络游戏节目。

15. 组织在线调查。

16. 让学生创作数字图书。

17. 制作数字、互动海报，地图等等。

18. 建立一个数字相册，往里面上传一些班级学生进行学习活动的照片。照片由你随时更新。

19. 创作数字漫画。

20. 访问及获取任何学科领域的免费在线课程计划和课程活动。

21. 利用网络进行免费在线班级投票。

22. 允许学生维护网络日志和创建播客。

23. 使用交互式电子白板。

24. 为学生演示如何记数字笔记。

25. 游览虚拟博物馆。

26. 继续到地球的任何地方甚至外太空做虚拟实地考察。

再重申一遍，这些只是在教学中应用高科技的众多手段中具有代表性的一些。关键是采用恰当的方式使用这些策略以提高学生的学习水平。不要为了使用高科技而使用高科技。而是应该为了教学效果、教学效率以及教学水平的改善而使用它。

## 第五节　怎样将教学和考试结合起来

大多数优秀老师的一个恒久秘诀是他们只考他们教的东西。再说一遍——他们只考所教的东西为了保证所强调的方法成功，他们怎么教的就怎么考！这看起来似乎太简单了，但事实上并不是所有的老师都这样做。

首先，让我们讨论一下怎样测试我们所教的东西。试想一下你是一个学生，星期一，你开始读一个新故事。整个一周，你为老师布置的词汇作注释，静静地读故事，你的课程被一如既往的一系列阅读所困扰（整个故事都要念出来），你回答问题，讨论故事等等。问题是：老师教了什么？你学到了什么新的阅读技巧？为讨论计，让我们假设你已经被教授了确定所读材料中心思想的技能。当然，你的考试在星期五。在星期五的考试上，你正确地将单词跟它们的定义匹配起来，你回答了诸如以下的问题：谁是故事的作者？故事发生在哪里？谁是主人公？主人公遇到了怎样的麻烦？这些麻烦是怎样解决的？

因为你整周都在学习笔记，听到各种提问和回答，你记下了这些答案，于是获得了比较好的成绩——好到可以在阅读测试中拿A。但即使你是一个糟糕的阅读者，你是不是也可以通过加倍努力获得很好的成绩呢？换句话说，阅读测试并不能测试出真正的水平。这只是一个记忆力测试。在文章的哪个地方你得到中心思想呢？是不是应该通过阅读陌生的文章来反映你的技能水平？

　　起初让你阅读教科书上的文章是为了帮助你通过练习习得新的阅读技巧，但是用相同的文章进行测试不能使教学和考试相得益彰。当然，这里只举了一个例子，但足以让你明白。事实上，很多老师仅仅测试的是所教内容，但却没有真正测试阅读的技能！

　　现在讲一讲测试所教技能。（注意，按我们教学的方式测试与简单的只测试我们所教的内容不同。）一个老师给他的学生一些词汇去记忆。学生们在字典中找到单词的释义并且记录到笔记本上，之后复习这些释义。然后在考试中，考查目标是要将每一个词都应用到句子中。当然，很多学生在考试中没有获得好成绩。有什么奇怪的吗？你看，课堂上不曾有一次应用过这些单词。只是对释义作了单纯的记忆，而老师以为学生们只要记住了单词的释义，就可以将他们的知识变成真实的应用。这是一个巨大的错误！

　　如果你希望你的学生在考试中做什么事情，那么平时就教他们怎样去做，跟他们一起练习，让他们在你的监督下独立练习，然后根据他们练习的方式测试他们。不论教给他们什么，都可以根据所教的方式进行测试。一言以蔽之，这就是优秀老师跟其他老师的区别。

根据下面的方式进行思考：如果你上游泳课——目标当然是能够学会游泳——你和你的同学坐在游泳池边，定义好所有的游泳词汇，听游泳课程，阅读有关游泳的章节，回答游泳章节后面的问题，然后观看老师游泳示范，看游泳录像，学习所有的笔记并记住，考试的时候，要求你真正游泳，你能做到吗？注意，即使你的老师每周都讲游泳，每周都教游泳词汇，教每一个招式的名称等等，然后做真实的示范，你考试的内容和你所学的内容也会有差异。教游泳的规则和术语不等同于真正游泳，这就是为什么学生在有些老师的游泳课上每天都呛水的原因，所以记住：

> 　　教授技能而不仅是纸上谈兵，再加以考核，你将从学生身上看到最好的成绩！

## 第六节　怎样确定合适的教学进度

　　本章节将告诉你如何使你的课堂拥有既高效又恰当的节奏。校长告诉一个新老师，她需要提高教学进度。下一次，校长发现这个老师在课堂上说话如此之快，以至于学生甚至校长都无法听清楚她在讲什么。谢天谢地，校长意识到发生了什么，及时指出他所说的提高进度指的是什么。当然，这不是指你要加快说话的速度，指的是你的课堂活动需要进展顺利使学生积极参与进来，不至于出现走神。当一堂课的进度顺利推进，快速进行，学生积极性就高，不会出现感到无聊或者无事可做的情况。当所有的事情都进展顺利，你可以感觉到时间过得飞快。

甚至最优秀的老师都会告诉你，这种技巧需要练习。但是一旦你找到了把握课堂节奏的良好感觉，这些对你来说将很快变得得心应手。

下面是一些提示，它们可以用来衡量你的课堂节奏是否合适：

◆ 学生们看起来明显感兴趣

◆ 你的声音听起来充满激情

◆ 你在教学的时候真正感受到职业热情

◆ 你从一个活动快速转换到另一个，但从不至于由于转换过快使你的学生不知所措

◆ 如果学生不明白，你立即做一些重复教学

◆ 从一个活动到另一个活动的转换具有条理性

◆ 时光飞一般流逝，你的课堂无比充实，直到下课铃响还意犹未尽

◆ 学生看上去明白你在教什么

相反的，这里有一些迹象警示你，你的课程进度太慢：

◆ 你注意到学生因为感到无聊而目光空洞无物

◆ 甚至你自己也感觉到厌烦

◆ 课程得过且过

◆ 学生在活动中缺乏热情

◆ 教室里的气氛感觉沉闷

◆ 有学生在睡觉（至少看起来是这样的）

◆ 你的头猛地抬起来，忽然感觉到尴尬和窘迫。好消息是没有谁注意到，因为，他们也睡着了

认真练习推进课堂，找一找感觉。必要的话可以将自己的课堂进行录像。但是判断你的课程进度是否合适的最好方法是观察你学生的表现。

> 他们将让你知道进度太慢，因为他们面无表情。
>
> 如果你进度太快，他们将表现出沮丧，但是只要使速度合适，你将看到他们聚精会神。他们的表情告诉你一切，所以看着他们，你会发现你的课程是否进度合适！

## 第七节　怎样向别人传授技能

最优秀的老师知道如果你要向学生教授技能，你必须在新技能和学生的现实生活之间建立联系，教授并且示范新的技能，跟学生一起练习新的技能，让学生自己尝试练习这些技能，并且一遍又一遍地复习，根据需求给他们尽可能多的指导。这不是新观点，也不是高科技，但它的有效性被一次又一次地证明。虽然有些老师不根据这些简单步骤进行教学，但是，这确实是区分最优秀老师和其他

老师的一个决定性因素。

这是最平凡而朴素的道理：

**第一步被称为介绍，预先布置和聚焦任务。**我们怎样称呼它无关紧要。这是确保学生专注并将所教技能跟他们现实生活相联系的关键，只有这样他们才会产生学习这些东西的欲望。（正如本章第一节所提到的。）这时需要开展很多互动和讨论，而并非是老师仅仅向学生宣布教学目标和告诉他们为什么需要这种技能。

**接着，你将真正教授新技巧。**同时请不要忘记对学生示范该技巧，教学所包含的远不止讲述。

你教授这些东西后，**跟学生一起练习它。**我们中的大多数人都知道这是一种指导练习，老师和学生一起练习。这是对的，老师指导学生，确保他们理解正确。在该过程中，你可以很好地意识到谁理解了，而谁还存在困难。如果所有人看上去都有困惑，你会意识到需要马上重新教一遍。如果大部分人都明白了，你可以进入下一个合适的环节，**让他们自己尝试新技能。**这时，你可以在他们单独练习的时候进行监督，你也可以对于那些不能独立进行练习的少部分学生给予更多的指导。

当然，**不要忘记复习所学的东西。**怎样能够做到这点呢？我们总会建议设计一些类型的活动，让学生在其中告诉你或者展示给你他们学到了什么，而不是由老师告诉他们学到了什么。

这就是如何向别人传授技能。它可以应用到教别人驾驶、做饭、滑冰、游泳、系鞋带、写短文、分析句型、按步骤学习科学方法，使用电子设备以及一切别的事情。

**再次强调，它不是高科技。**假如你的孩子将要去夏令营，你知道他将要学习怎样应用数学，你想要在别人教他之前，先教他一点东西。此时，你做如下行为是有意义的。你坐在孩子身边同时（1）告诉他将学习什么以及为什么要学这些东西，并且告诉他将要在夏令营里面学习数学，所以你先教他；（2）事实上是教他应用数学，不仅是讲述而且要示范该技能，并且讨论什么是正确应用数学，而什么是不正确的应用等等；你将（3）指导他并且先手把手地同他一起练习，一旦他在你的指导下取得了足够的进展，你将（4）让他在你的监督下自己进行技能练习，最后（5）作为结束，复习并且讨论你们所学的东西，让他再一次展示他所学的东西。这是既简单又有效的教学！其中没有可以跳过的步骤。

在教室里也该是一样的，然而情况经常是这样的：老师省去了一两步，或者让学生在未经老师指导练习的情况下独自练习新技能，亦或"告诉"学生这些事情应该怎样做，但是没有真正示范。这也是优秀教师和一般教师的重要区别。

介绍新技能，获得我的关注
这可以增加我的学习意愿
然后告诉我关于它的情况并且示范
示范给我看，可以消除我的恐惧
当我尝试这个新技能的时候一直指导我

帮助我达到顶峰

然后让我独自尝试

但是不要走远以至你看不到我

一旦我掌握了它，你已经给我打开了这扇门

现在让我们更多遍地复习它

## 小　结

关于有效授课，记住以下几条：

● 将你要教授的任何内容跟学生的现实生活联系起来。

● 策划课堂活动让你的学生积极参与其中。

● 因材施教，让所有学生都进步，使所有学生都成功。

● 恰当运用高科技，将它们高效整合进你的课堂。

● 考试只考你教过的技能。

● 根据你教授的方式进行考试。

● 提高课堂的进度，有效利用课堂活动，让学生保持活跃，并且不让学生感到无事可做。

● 遵循这些基本步骤会让我们的教学脱颖而出！

## 章节练习

回答下列问题可以使你对于本章内容的掌握情况有一个清楚的认识。即便对本章内容还达不到运用自如，那也没关系，相信稍加练习，你便会得心应手。

（1）我确定我教授所有技能时都能联系学生现实生活吗？

（2）我设计教学的每节课都能最大程度增加学生参与意愿吗？

（3）我意识到学生只能在自己的水平上进行学习，然后因材施教吗？

（4）我能跟得上当今科技步伐，并利用它们改善教学吗？

（5）我是按照我所教授的方法和让学生练习的内容去安排考试吗？

（6）我能合理推进教学进度，使课堂活动进行顺利、学生保持参与积极性，不会感到昏昏欲睡或无事可做吗？

（7）在学生们独立尝试新技能之前，我会教授并示范新技能，给他们足够时间练习，并让他们在我的指导下，成功掌握吗？

你的心得：

## 第一节 怎样的态度取决于自己

最好的老师同意：态度决定一切！分辨一般老师跟好老师的一个重要标志就是态度。

我们都曾经被别人以我们不喜欢的方式对待。我们周围也许有不好相处的亲戚、合作者、管理者或邻居。当我们接近他们时，我们严加防备并且试图保护自己免遭再一次的冷嘲热讽。看起来他们人生的主要目标在于让所有人像他们那样不开心。不幸的是，他们中的一些人做了老师。真正可怕的是，消极处世的人从来不知道他自己是消极的。

Idkin女士（Idkin，即I Don't Know I'm Negative，我不知道我消极）最近接受了校长的考察。整堂课上，你似乎听不到积极的评语，都是"停下""想都别想""安静""如果你再这样……""我说过要注意""你知道这个问题的答案，我们上周学过""我已经告诉你多少遍了"。诸如此类的申斥总是从她口中愤怒地喷薄而出。听课的校长坐在Idkin女士旁边，告诉她应该对学生们态度更积极一点。Idkin女士喊道："我是从积极的角度看他们的，我说过'好'！"Idkin女士所言不虚，她确实对某个学生说过好，当这个同学答对了之后。只不过在她看来，说好就已经意味着态度积极了。她的观念说明，消极的人从来都不认为自己是消极的，这就是危险之处！

那么如果你有一个消极的同事——或者那个人正在你的隔壁教室教书，你该怎样做呢？我们问一个优秀老师这个问题，她回答说："我只能不停地做出榜样，做出榜样，做出榜样。"当问到她这句话的具体意思的时候，她回答："我不能控制她的态度，只能控制自己的态度。我保持积极，希望某一天能够给她带来积极的影响。如果不能，我并没有什么损失，我将继续保持我积极的态度！"

相反，一个低效又比较消极的老师曾抱怨说："现在我们学校的事情很糟糕，因为世界上的事情都是消极负面的。电视里、网络上的新闻是负面的，报纸的头条是负面的，学生的家长也是负面的。当你淹没在这个负面的社会中时，你很难保持积极的心态。"

遗憾的是，该老师没有意识到她的角色是一个老师，不是社会现状的体现者——至少不应该包括社会上负面的部分。作为一个老师，跟每位教师一样，她的任务是培育人以使未来的社会变得更好！辩证地看，我们认为该老师有些地方是对的。我们承认媒体中有很多负面报道，有的家长是负面的，甚至这个社会的某些方面是彻头彻尾负面的。但是，该老师现在可以选择。她可以放弃，把她负面的感受强加给学生，或者她可以选择更好的教育方法！最好的老师总是选择后者。这就是教育的目的——打破陋习，开辟路径，敞开大门，引领学生开拓创新以及拥有更好的态度，从而获得更好的生活。

我们都教过缺乏教养、态度消极的学生。我们常常认为理所当然的事一些学生却意识不到，比如做错事的时候道歉，撞到别人的时候说"对不起"，先举手而不是随口说出自己的答案。我们是成人，有告诉他们怎样做的责任。

我们也见过一些老师，他们责怪家长没有教会孩子们懂礼貌。事实上，现在教室里确实每天都有学生缺乏基本的素养和社会公德。作为他们的老师以及培育未来社会栋梁的人，我们可以选择继续发牢骚抱怨他们缺少教养，也可以控制我们的态度，并通过言传身教来影响他们。当然，优秀的老师总是选择后者。

作为老师，我们，也只有我们，可以选择每一天的态度。不管你的同事有多么的消极，当天的新闻有多么的负面，你的学生有多么的让你头疼，我们都不能让这些改变我们的态度。

> 我们是老师，我们是引路人，我们是榜样。每一天，我们的态度都在影响我们成为怎样的老师、引路人和榜样。

## 第二节　教师休息室里的生存哲学

没有哪个地方的大学教师预备项目会提供叫作"在教师休息室里抱怨、发牢骚和八卦"的课程，然而，虽然不是经常，但是我们仍偶尔会遇到新来的老师在十月的中旬，熟练地掌握了这些技巧。那么这个新老师从哪里学到了这些技巧呢？毫无疑问，有些学校有一项非官方的、未被认证的课程，这就是每天都"开课"的"教师休息室课程"。

考虑一下教师休息室这个词汇。它难道不是指老师可以自在休息的地方吗？虽然我们不知道谁创造了这个短语，但我们可以猜到设置第一个教师休息室的目的——提供一个让老师休息和放松心情的地方。然而，一些学校的教师休息室成了老师抱怨、发牢骚和八卦的地方。

我们完全相信老师从内心来讲都是好人。我们也相信他们从来没有停下来想过他们在做什么，更别说思考一下说长道短带来的后果是否有害。作为老师，我们的目的不是危害任何人或伤害他人。我们也都想帮助别人，而不是打击他们。另一个被抱怨者、牢骚满腹者和八卦者忽视的事实是，没有人尊敬他们。他们甚至不互相尊重。请记住，老话告诉我们，如果有人在你面前说长道短，他（她）也会在背后对你品头论足。

曾经有一个研讨会，专门为准备成为校长的老师举办。关于老师是否可以在他任教的学校申请一个校长的位置以及学校是否该提供这么个位置，进行了很长时间的讨论。几位老师和这次讨论会的主办方以几位在本校成为校长的老师为例进行讨论。有些情况下，效果不错；但是有些情况下，却是一次失败的升迁。于是，这种情况被深入探讨，且老师们发现了一些有趣的事实。唯一可能对一名老师成为本校校长造成不利影响的，是该老师是一个远近闻名的爱抱怨和说长道短的人。这种情况下，他（她）的同事对他并不尊重，所以他们并不把他是新校长当成一回事。

事实上，跟消极的人待在一起，绝不会对你有正面的影响。考虑一下下面的情况：四位老师在午饭时交谈甚欢，第五个老师，海棠女士也参与进来。海棠女士马上开始做平时所做的事情——抱怨她的学生、校长、家长、自己的家庭，总的来说，抱怨她的全部生活。交谈的气氛和参与者的情绪立刻为之一变。庆幸的是，其他四位老师都是优秀老师，他们巧妙地让交谈收尾并且离开。毫无疑问的，前面进行积极交谈的老师属于优秀老师。物以类聚，积极优秀的老师跟同样积极优秀的老师合得来。相反的，差劲的老师跟其他差劲的老师合得来。在分享悲惨的事情的时候他们可以得到慰藉——至少他们是这样认为的。危险的是，消极的老师总是积极地寻找新的伙伴。

那么最优秀的老师怎样应对休息室里的八卦呢？他们只是离开那里吗？我们采访了他们，下面就是他们的答案：

◆ "在我三十几年的教学生涯中，我曾在几个学校执教，每个学校中都有一些消极的老师。我刚开始从事教学的时候，我总是避开教师休息室。但是后来我意识到我可以进去喝杯咖啡，只是不去参与任何负面的讨论就可以了。事实上，我们中的一些人意识到，只要有足够多积极的老师在休息室中进行有益的交谈，那些消极的老师马上就可以改变口吻。这个方法非常奏效。这并不是说，那些消极的老师再也不光顾休息室，只是我们让他们抱怨的时候感到别扭和不舒服。真的，这是一件有意思的事情！"

◆ "是的，每一个教职工队伍里面，总会有一些消极的老师，但是我会确保不加入他们的闲扯。我不太经常去休息室，但是一旦我去了，我总会让我的交谈保持愉快和积极。我不能控制他们的心情和行为，但我能控制自己的。"

◆ "我们校长在休息室门口叹了口气说：'不要发牢骚。'我们有明文规定任何老师不能在教师休息室里面抱怨任何事情。不用说，少数老师因此拒绝进入休息室。其实那条规定就是为他们定的。所以这些日子里，休息室实在是一个令人非常愉快的地方。"

◆ "说长道短不只是发生在休息室，只要两个或更多消极的老师聚到一起，就可以发生在学校的任何地方。当同事走向我并试图抱怨些什么的时候，我总是假装我要去洗澡，并且告诉他们我过会儿和他们聊！同时，我猜他们会向别人抱怨，因为他们从没有回来找我。"

通过这些老师的陈述，你是否找到了共同点？你是否注意到他们仅仅是拒绝参与到负面的交谈中去？我们承认有些时候发脾气、抑制不住地埋怨是很容易的，但这不是专业人士应该做的。我们都想成为专业人士，成为外行不是一种选择。

始终做内行该做的事情，远离负面的言论！

## 第三节 怎样改变学生的学习态度

在一个理想的世界中，所有学生都充满学习的欲望，对我们所教的任何东西都充满热情，对生活和学习的态度积极。但每个老师都知道，这不是现实。有些学生对待我们态度不端正，他们总是威胁到教室里面的积极氛围。当然，这就需要优秀的教师发挥自己的魔力。

让我们一起跟迈克尔（一个穿着大背心的学生）进入他的两个课堂，你会看到哪个老师在教迈克尔时能取得更好的效果。

**甲老师**

迈克尔进入一间气氛很糟糕的教室。老师看到他一脸不安的表情，把他拦在门口说："迈克尔，你看起来正在为什么事烦恼，我能帮助你吗？"迈克尔告诉老师他烦透了休息的时候被别人打搅。老师说："我能明白这件事情让你很郁闷。如果你愿意，当所有人开始他们的学习的时候，我们将就这件事情做更多的交谈，我保证我将尽我所能帮你解决这个问题。现在，我非常希望你能安静地回到你的座位上直到我们有时间进行交谈。谢谢你，迈克尔。"迈克尔一下平静下来，静静地走向他的课桌。他知道有人关心甚至愿意帮助他。

## 乙老师

迈克尔进入一间气氛很糟糕的教室。老师看到他一脸不安的表情，于是大声说道："不要把课间休息发生的不快带到课堂上来！"迈克尔大声地回敬说："我烦透了休息的时候被人打搅！"老师说："如果你像现在这样对待他们，我不会责怪他们打搅了你！现在安静地坐到你的座位上。我不想再听到关于它的任何事情。"迈克尔冲到他的座位上，把课本扔到地上。于是老师说道："年轻人，立刻把书捡起来。你不能在我的课堂上为所欲为！"迈克尔之后的话我们这里就不转述了，毫无疑问，他被送到了办公室。

好了，如果我们告诉你哪个老师对待迈克尔的做法更加正确，将是对你智商的侮辱。我们只是想举例说明老师的态度和方法，可以是煽风点火，也可以是消融矛盾。

记住，我们充当的是榜样的角色，我们的责任是做好榜样，而不是火上浇油。毫无疑问的，我们的态度将对学生产生不可估量的影响。在冷静克制的老师的课堂上，学生往往也倾向于冷静和克制。这并不是说像迈克尔这样的学生总会平静和克制。（见鬼，其实我们也不想被激怒。那种感觉可不好。）事实是，负面的态度从来不能被负面的回应缓和。

学生在不停地注视我们。他们在我们身上找到线索。他们注意我们做的所有事情。当你剪了头发，换了香水或者外套，他们不都会注意到吗？他们确实在关注我们，他们倾向于模仿我们的语言，我们的举止，我们处理各种问题的方式。如果你对此存有质疑，我们建议你做个尝试。你可以走进教室，问你的学生："有人愿意模仿我吗？"他们不止会这样做，而且会做得很好！他们可以像你一样走路，像你一样说话等等。你试试就知道了。我们可以向你保证！

因为学生会注意到我们的一切事情，我们必须特别注意以确保他们看到我们总是用积极的、正确的方式去解决任何问题。这是否意味着他们会一直用积极正确的方法来解决自己的问题呢？当然不是。请记住，他们是学生，我们是老师。

---

学生越冲动，作为老师，我们对待他的时候应该更加自我克制。这是容易的事情吗？不是。这是有效的行为吗？是的！

## 第四节　培养自己负责任的态度

在某个老师的课堂上，有几个学生考试不及格，这是学生的错还是老师的错？这取决于你问谁。优秀老师总是把学生课堂表现差的责任归到自己的头上，但这并不是说学生完全没有可责备的地方。无疑，优秀老师总是先问自己："我是否能做得更好些？"

想想另一个场景：如果一个病人在手术台上死亡，那么是病人的错还是外科医生的错？同样的，优秀的外科医生总会问自己："我是否能做得更好？"我们绝不会接受外科医生下面的辩解："你看，他们进来的时候就不健康。如果他能够一开始就照顾好自己，他根本就不会生病。手术过程中，他没有挺下来完全不是我的过错。"

差劲的老师经常说："这些学生没有像他所应该做的那样去学习，所以他不及格。他没有通过这门课不是我的责任。"相反，优秀教师，就像优秀的外科医生一样勇于承担责任。如果学生没有取得好成绩，他们将责任归于自己，这是他们应该做的！

当我们成为老师的时候，我们都签订了一份协议并且同意对学生的学业成功负责。但把法律文件放一边，我们是否真的是为学生排难解困的老师呢？他们没有我们的帮助和指导，也许不能进入下一个年级甚至是下一个星期的学习。

在这方面，让我们比较一下高效能教师的课堂和低效教师的课堂。

## 场景1：学生在课堂上睡觉

低效教师经常在二者中选一：（1）他们让睡觉的学生继续睡，值得庆幸的是至少他们睡着的时候不惹任何麻烦，或者（2）他们将训斥睡觉的学生。但是这些方法对于解决问题都是徒劳的。

高效能教师总是向学生询问他们为什么睡觉。是不是头天晚上没睡好，或者身体不舒服，还是仅仅感到厌烦？确定他们为什么睡觉，总是能帮助优秀老师找到解决问题的最佳途径。

## 场景2：给试卷打分

低效教师总是用所谓"交换阅卷"的伎俩。他们让学生交换试卷（或者运用科技手段，在线交换文本！），并在教师念出正确答案时由学生互相给试卷打分。甚至有些老师让学生把所阅试卷的名字和得分念出来，让每个学生都听到，以便老师可以快速有效地在成绩册上记录学生的成绩。

你也许会问："为什么有老师这样做？这对于成绩差的学生不是一种侮辱吗？就算有的学生得A，他们也不是总乐意成绩被公布出来，不是吗？"对于第一个问题最可能的回答是老师们这样做，是为了自己方便。这样批改很快，不用麻烦他们利用自己的时间去阅卷。听上去很可悲，但这是事实。不管他（她）的成绩如何，这种做法已经伤害了所有学生的自尊。

当被问到为什么她要用这种方法来打分，一个低效教师说："学生希望马上得到反馈，通过这种方法，他们可以立刻知道分数。"当进一步问到这样会伤害到学生的自尊，她是否该承担责任的时候，她说："喂，如果他们被伤害了，那是他们自己的错误。他们本该更加努力学习。"

高效能教师用的评分方法被我们称之为："我只按照老师该做的给学生打分！"意思很明白了，所以毋庸赘述。优秀教师按时给学生的试卷打分。

事实上最优秀的老师愿意对他们所教的每一个学生的成功和行为负责任。

## 我的学生过了还是挂了

他没有通过我的考试

因为他没有学习

于是我拿出红笔

让他的试卷满篇红

然后我开始思考

我刚刚做了什么

我到底是要证明什么

我的追求是什么

如果学习决定了他的成绩

那我究竟教过什么

如果学习是通过考试的唯一路径

在课堂上，没有人在学

是的，学习是很重要的

但是教育应该更重要

如果我每天都认真教课

应该能对他的成绩有帮助

学习可能产生的不同

在A和B之间

但是我的学生过了还是挂了

确实由我决定

## 第五节　与消极的同事积极地相处

虽然在本书的某些地方，我们已经讨论了怎样处理跟消极同事之间的关系，但是我们认为，增加这一节还是有必要的。下面是在典型场景下与消极同事相处的一些成功经验。

◆ 如果某个同事走向你，开始向你抱怨某个学生的不好，尝试这样说："我喜欢这个孩子。我知道他不好对付，但是谢天谢地，他有我们去帮助他找到对待生活的更好方法。"然后走开。

◆ 如果某个同事走向你，开始对学校里面发生的某件事情发牢骚，尝试这样说："我理解你的关心。你为什么不跟校长分享你的看法呢？我相信他愿意跟你交谈，而且也许你们可以找到一个解决的办法。试一试没有坏处。"然后走开。

◆ 如果某个同事试图跟你讲关于学生、老师、家长、校长或者其他人的流言蜚语，尝试这个办法：假装你很忙并告诉他（她）晚些时候会去找他（她），然后走开。

◆ 如果某个同事不停地抱怨，而你忍耐到了极限，尝试这样说："你今天看起来确实很失落，而且看起来气色也不好，也许你只是需要回家好好休息休息。"然后走开。

◆ 如果某个同事试图将你卷入一场权力斗争，尝试直接走开！

注意，所有的建议最后都以"走开"结尾。尽你可能摆脱这些人的纠缠，然后走开。不管你怎样做，不要加入他们负面的讨论中去。在你感到失望或不安的日子，也不要接近他们。在这样的日子，

被他们同化的风险更高。

最后，不要让他们影响你。是的，围着消极的人转是一件令人不爽的事情，所以不要倚赖他们。尽管想到学生会成为这些消极老师的牺牲品是一件令人沮丧的事情，但是你无法控制，也不能为他们的行为负责，除非你是校长。

---

有趣的事实：绕开消极的人不但能防止你成为他们中的一员，还可以减肥！

---

## 第六节　做态度最好的老师

在你阅读之前，请回答以下问题："谁是教员组中最积极的？"在你的脑海中冒出某个名字之前，不要接着往下读。现在，真正关键的问题出现了：是不是你的名字？如果是，为什么？如果不是，又是为什么？

整节（以及整本书）中，我们讨论了一个人以积极态度对待学生、家长、同事和其他人的重要性。最优秀的老师明白，想要像他们那样优秀，必须培养积极的态度。他们必须被学生看来是快乐的人——拥有很好心态的人。

你读过下面的书籍吗？

◆ 负面思考的力量

◆ 怎样失去朋友和激怒他人

◆ 你做不到，所以试都别试

◆ 你可以有一个失败的心态

◆ 如何撑过你应得的失败

你读过吗？当然没有，因为它们根本就不存在，大概也没人会写，除非被作为反面教材，那么怎样才能使在被问到谁是最积极的教员的时候，你总是能不假思索地回答"我"？秘诀就在这里：成为教员中最积极的。控制你的态度。给你的学生他们值得拥有的——积极的角色榜样！你不能控制别人的所作所为以及他们的为人，但你总能控制你自己和你的态度。

最优秀的老师是怎样保持积极态度的呢？这里有一些告诫：

◆ "我没的选择。没有积极的态度，我不能成为好的老师，而我想成为好老师。"

◆ "我知道影响我人生的老师都是态度非常好的人，所以在我教学的时候，我努力模仿他们的态度。"

◆ "我非常相信积极的态度是可以相互传染的，我尽我所能以我的态度感染我的学生和同事。"

◆ "我曾经遇到过很多态度不积极的学生，我意识到学生的态度越消极，我的态度必须越积极。这不是简单的事情，但是很有效，所以我要坚持下去！"

> 每个人都可以改变现状。改变你的态度，等学生回忆你的时候会充满感激。

## 第七节　怎样跟家长合作

对一些老师来说，处理跟家长之间的关系是一件恐怖的事情。我们知道有些老师尽可能避免跟家长的接触，因为他们害怕跟家长之间的对抗——这是错误的。但是为什么优秀老师似乎能非常成功地跟家长打交道呢？而为什么其他老师如此惧怕跟家长接触呢？原因就是：几乎所有的家长都尽己所能地关心自己的孩子。你也许同意，也许不同意他们抚养孩子的方法，但是他们都尽力了。遗憾的是，对一些家长来说，只有当孩子在学校犯错误的时候，才能从老师那里得到孩子的一些信息。所以，这些家长倾向于采取抵抗的态度，有些家长甚至拒绝接学校打来的电话。他们不参加家长会，不愿意在学校出现，只是为了不听到自己孩子的负面消息。

那么我们怎样才能让家长更容易参与，并且确保他们与自己子女学校的来往更加积极？我们可以做优秀老师做的事情。

最好的老师总是跟学生家长保持联系，他们总是用积极的态度采取合作。这里有一个老师分享的秘诀：

"每年开学的第一天，我给每个学生一张便笺，让他们带给家长。便笺上面写着：'敬爱的【家长名字】，今年能教您的孩子【孩子的名字】，我感到非常高兴。非常感谢您让您的孩子到我的班上。方便的话请随时跟我保持联系。'"

"接下来，我坚持每天为每个班级的一位家长写一张便笺。同样，我会提前打字，复印好便笺模版，用时填妥即可。便笺上面写着：'敬爱的【家长的名字】，我今天非常为您的孩子感到骄傲，因为【填写原因】。'"

"每天，我都在每个班上挑一个孩子（有的时候两个，因为只需花30秒钟去完成），然后我把这个学生今天做得好的地方写下来。这种便笺不仅可投递给家长，而且可供贴在冰箱上。这样就能保证每一个家长每月都能收到至少一封有关自己孩子学业和行为方面的表扬信。（对于喜欢用电邮交流的家长，我发送电子邮件。）家长们认为我是世界上最好的老师，尽管他们甚至没有听过我的一堂课！这样当我偶尔因为孩子负面的行为跟家长交流时，他们总是非常乐于合作。"

有些家长告诉她，她是第一个告诉他们关于孩子积极一面的老师。仅这一件小事就使局面大为不同。

另一个优秀老师说："我总是努力记住我跟家长的目的都是一样的，都是为了孩子的成功。不管什么时候，当我打电话或见面告诉家长关于他孩子的负面消息时，我总是这样开始我们的交谈：'我知道你是一个非常负责任的家长，也知道你很想知道孩子的学习进展得怎么样。我相信如果我们一起合作，我们能解决这个问题。'

这样总能让我具有一个优势，因为我肯定了父母对孩子的关心，并且告诉他我愿意跟他合作。"

当被问到怎样对待一个持对抗心理的家长时——如你所知，他们想到学校以一些方式攻击你——一个很优秀的老师分享了以下经验：

"我知道当某个家长对我很生气时，最差的情况莫过于产生肢体攻击。为了避免于此，我冷静地让家长先说出想说的话，然后我说：'你确实非常失望，那是因为你对孩子很关心。我觉得这很好。我只是想让你知道，尽管今天我们的观点不尽相同，但是我尊敬你，因为你对孩子的教育如此关心。'这样做，总能在平和家长态度上取得奇效。之后，我们就可以跟家长交流孩子的情况。我用这种方法好多年了，屡试不爽！"

下面是我们最认同的方法：

一个优秀的老师跟我们分享，她在开学的第一天跟学生说："我想让你们知道，如果你在我的课堂上做了不该做的事情，我不会写信告诉你家长。"学生们都松了口气。她接着说："取而代之的是，你们可以给父母写信。你们已经长大了，可以理解父母想知道你们在学校的情况，同时你们也能够自己给父母写信了，所以你们不需要我帮你们做这些事情。你们的家长会更愿意直接从你们这里得到信息。"后来，一个学生犯了错，老师认为有必要联系一下他的父母，老师让他写了一张纸条给家长解释他做了什么。学生签了字（当然是心甘情愿的），老师也在下面签了字。然后学生拿回家让家长签字。有些时候，学生"忘记"拿回签字的纸条或者根本就没有给家长看，老师只会说："好吧，我不想再麻烦你写一张纸条，让我们给你的父母打电话或发短信，你可以向他们解释纸条上说了什么。"这位老师跟我们分享，这种方法最棒的地方在于，她从没有从家长那里接到一个电话或者一封短信解释他的孩子从来没有做过那些事情。这是因为孩子已经在纸条上承认了错误！"实际上，"她接着说，"家长经常联系我为他孩子的所作所为道歉。"

> 记住，你对学生和家长的态度将决定家长对你的态度！你想家长站在你这边吗？那么让他们确信你站在他们孩子的立场上。

## 小 结

关于态度，记住下面几条：

● 态度就是一切！

● 找到并且关注好的东西，找到并且改善不好的东西！

● 我们的态度可以帮助我们改变自己作为老师、引路人以及榜样的形象。

● 不要在教师休息室和其他地方抱怨、发牢骚和说长道短。

● 你的态度和方式方法可以消除矛盾或者火上浇油。

● 培养负责任的态度，将学生的失败和成功当成个人的责任。

● 远离负面同事，这样可以减肥！

● 在你的同事中保持最好的态度！

● 跟家长积极沟通。

● 站在学生的立场上，让家长确信你站在他孩子的一边！

## 章节练习

回答下列问题可以使你对于本章内容的掌握情况有一个清楚的认识。即便对本章内容还达不到运用自如，那也没关系，相信稍加练习，你便会得心应手。

（1）我通常是用积极态度还是消极态度思考教学、学生和我的工作？

（2）在学校，我不惜一切代价避开闲言碎语吗？

（3）我会让学生在我身上看到我希望他们拥有的积极态度和优良举止吗？

（4）当我班上的学生遇到学业挫折，我会先从自己身上找原因吗？

（5）我会用技巧和策略减少消极同事的危害，而不是添油加醋吗？

（6）我和学生家长积极沟通，并且尽力让他们确信我关心他们的孩子吗？

（7）我是教职工中态度最积极的人吗？（或者至少与最积极的人关系不错？）

你的心得：

Secret Five
The Secret of Professionalism

秘诀5
持续提升专业素养
成就卓越

这是我第一次参加教员会议，有几个老师在交谈

校长说话时，他们仍然喋喋不休和大声喧哗

接着学生们的问题成为议题

那些老师停止了喧哗

当讨论如何惩处上课频繁说话的学生时他们说"阿门"

"把他们送到校长那里，将他们从我们班里弄走

他们打扰了那些想学习和通过考试的人

他们居然胆敢粗鲁地做这些事情

他们让自己难堪却毫无察觉

他们在我讲话的时候交谈，他们不完成自己的功课

他们显然没有教养——他们推卸自己的责任"

好吧，作为一个新老师，我不想说什么

我只是将背靠在椅背上观察一切——一个辛辣的讽刺

你怎能使你的学生做你自己都不能做到的事情

如果你想要你的学生懂得尊重别人，是不是应该从你自己开始

## 第一节　怎样穿着最职业

如果你进入机场，你可以方便地从拥挤的人群中找出飞行员和乘务员。那是因为飞行员和乘务员都穿着专业的制服。如你所见，当你进入机舱，你能感觉到自己被有能力胜任这项工作的专业人士关照着。但如果飞行员和乘务员穿着人字拖和牛仔裤，他们不是同样技能超凡吗？是的，他们仍然是，但问题是，这时乘客不会这样来看待他们。

当你进入法庭，你是否能认出律师？是的，你能。想想这个：你被指控犯有严重的罪行但是你还没有认罪，如果在你审判的那天，你的律师穿着人字拖和牛仔裤进入法庭，你会立刻告诉自己："我将要进监狱了。"并不是你的律师能力变差了，而是那些决定你有罪还是清白的陪审团成员们将不会把他当回事。就像飞行员一样，穿着得体的律师才能看起来专业。

有件事情被一次又一次地证明，我们的穿着方式影响别人对我们的认识。现在让我们把这个观念带到学校里面。这里有数百个焦急的、感觉灵敏的、乐于学习的学生正在等待对老师做出第一印象的判断。现在老师来了。他们的穿着如何呢？这要视情况而定。我们可以确信当你进入任意一间教室的时候，你不能根据他们的穿着，将所有老师立刻分辨出来。有些可以被立刻分辨出来，但是那些穿着有些随意的恐怕不能！那么，是不是穿着让他们不那么有能力了？不是。但是，毫无疑问，穿着很大程度上影响了学生对老师的印象以及教学效果。

如果教书真的是最高尚的职业，是不是所有老师都应该着装专业呢？我们认为是的。那是不是意味着他们应该用他们微薄的收入去买昂贵的衣服呢？当然不是，只是说他们不应该穿得像自己的学生。如果你成天都要站着上课，你可以不穿高跟鞋，但你应该看上去很专业！所以每天早上你走出家门的时候，你可以问自己一个问题："一个陌生人在街上看到我，他是否知道我是从事某种职业的专业人士？"如果你的回答是肯定的，那么你的穿着就职业化了。如果回答是否定的，在你的学生看见你之前，你需要去你的更衣室快速换衣服。

当然最好的老师知道这个秘诀。他们行动起来很专业，衣着也很专业，同时他们的学生也尊重他们的专业风范。所以好好看看你自己吧。

你的穿着有些令人失望吗？

## 第二节 怎样做到"适应"而不是"沦陷"

我们发现一个有趣的现象：最好的老师总能适应工作而不是在他们的工作中沦陷。解释一下这是什么意思。在好的学校里，让人感觉到家庭温暖和团队精神。但是，就像在大多数家庭中总有一些人从中作梗，在任何学校大家庭中，休息室里总会有相互之间唱反调的情况发生。但在大部分情况下，存在一种同志般的共识，大家都为了营造整体的积极氛围而努力。

我们也发现，当教员组对一个老师来说是陌生的时候，他有可能因为太想融入集体，而导致进入一个恶性循环，我们称之为陷入。一旦你深陷其中，你将很难自拔。

我们在采访老师的时候，一位老师分享了他的经验：

"去年我是一个新老师，我在我的课堂上犯了很多错误，但我最大的错误是太努力去融入我们的集体。我希望每个人都喜欢我，在我认识到这一点前，我已经在负面人群里面转悠了很久。但是当时，我自我感觉良好，因为他们让我感觉我身上的所有问题都来自校长、学生家长或者学生。谢天谢地，我的一个在别的学校教书的朋友警醒了我，他指出我就像他们学校的一些负面老师一样怨天尤人，这让我意识到我的负面行为的严重性。今年好多了。虽然我仍然诚恳对待去年的'亲友团'，但我现在只跟那些我认为可以帮助我变得积极和进步的人来往。"

在对最优秀老师的采访中，我们意识到以下几条，会对那些想要适应而不是陷入的老师有所帮助：

◆ 优秀的老师对所有的人都亲切。

◆ 优秀的老师知道分辨友好的交谈和说长道短。

◆ 优秀的老师能够礼貌地将自己从潜在爆发的流言蜚语和非专业行为中解脱出来。

◆ 优秀的老师尊重学生的隐私和人格。

◆ 优秀老师能够找到消极老师所抱怨的问题的解决方法。

◆ 优秀的老师从来不把自己看成是受害者。

◆ 优秀的老师从不刻意去努力适应因而不至于陷入。他们的职业素质和所有上述原因，使他们可以自然而然地融入其中。

所有被采访的优秀老师都同意，他们没有花太多心思在适应集体上。然而，他们承认，自己认识一些因为太过努力适应而已经陷入其中的人。

正如一位优秀教师所说：

如果你专注于你的工作，热爱孩子，同时也是一个很好的榜样，你也会跟其他投身工作、热爱孩子、成为榜样的人很投缘。充满希望的事实是，大多数教职工都是这样的人。至于其他人，谁愿意跟他们成为一类人呢？

## 第三节　怎样合理应用社交媒体

在本节开头，我们想承认我们都是社交媒体的粉丝。当然，我们对社交媒体的使用都很得体。社交媒体平台为我们联络学生、家长、朋友、亲人、同事提供了无限的可能性。然而，当你私人的在线活动开始和你的职业生活重叠或相互影响时，不愉快就产生了。有许多传闻都是关于教师不当使用社交媒体，把自己和别人陷入水深火热之中。因此，这就是我们写作本节的目的——为教师们恰当得体使用社交媒体提供一些建议，让你避开可能导致职业威胁的任何一种在线活动。

关于教师如何使用社交媒体的小贴士：

1. 务必了解你所在学校及地区关于社交媒体的政策，并且务必遵守。

2. 在社交媒体上建立班级主页，用来联系家长，布置作业，以及做任何有助于促进学生学业成功的事。

3. 学生们往往有很多朋友，一些朋友有可能将他们引入歧途。我们要提醒你的是，成为某位学生在线的朋友可能导致言谈越过师生关系的边界，所以千万注意不要过界。

4. 在网上发布你的私人活动时注意秘密性。尽管这个方法要好得多，但也不是绝对保险。最好的办法是，不要在网上发布任何你不想让你的学生、学生家长、学校领导看到的信息。要知道你挂在网上的任何信息都是公开的，所以在网络上的行为要中规中矩。

5. 避免在上班时间访问私人社交网站。

6. 在众多社交网络中挑选一家适合的，用来和学生及其家长在线沟通。

7. 无论如何不要在社交网站上抱怨工作、学生、学生家长或同事。

8. 在网络上发布你的照片时要千万慎重。因为这些可能会被你的学生和家长看到，无论他们会不会看到你都要慎重。

9. 如果你不确定你想发布的东西合适不合适，那就不要发布。小心无大错。一旦把它们放在网络空间里，你就再也无法收回了。

10. 以公正合理的口吻发布信息，没错的！

请记住保持一个正面的形象和声誉的关键是持续赢得学生、家长、同事、领导和社会的信任。所以，拿出你十二万分的小心和职业责任感去管理你的在线活动吧！

## 第四节　不断提高你的专业素质

**总是学生**

医生们去进修
然后获得一个学位
但是我们希望他们继续学习
作为老师，我们为什么不能呢
我们怎能停下来不再学习
一旦我们获得一个学位

> 仍然有太多的东西可以学习可以实践
>
> 去发现和了解
>
> 如果我真的是一个老师
>
> 就像我宣称的一样
>
> 那么我一直都是一个学生
>
> 需要接受教育的学生

　　高效能教师和低效教师之间的一个重要区别是，高效能教师从来不停止提高自己专业水平的努力，他们一直都在锤炼自己的技能并尽力提高教学质量。是的，一些人努力获得学位，一些人努力获得更高级的职业认证，他们的努力都不会浪费。许多人希望最终成为管理者。另一些选择教学作为终身职业，他们发现了职业生涯中每一年提高教学素质的重要性。从来就不存在教学水平高得过分的教师。就像医学一样，教书也不是严格意义上的科学。作为一个教育工作者，我们不停地学习和寻找一套更好的教育方法。我们没做到尽善尽美，并且也不太可能做到尽善尽美。但这并不是我们超越自我的原因。我们超越自我仅仅是为了上进，让我们掌握更好的技能来完成自己的事业。

　　你一定听过有些老师可以数着日子等退休。想象一下，你将要去做重大的外科手术，却无意中听到你的外科医生说："我知道有一种更好的方法做这个手术，但我只有一年就要退休了，我对这项工作已经感到厌烦甚至恶心。"如果你经过手术生存下来，这台手术的结果将对你余生的健康产生重大的影响，你是否还会让这个医生给你做手术？当然不会！那么作为教育工作者，我们为什么像那些低效教师一样数着年头、日子甚至分钟一直到退休的那一天？

现在如果你说让欠优秀的老师完善自己是政府部门的事情，这个观点是对的。事实上，我们也像这些老师一样，只是被迫去做自己该做的事情，所以对专业水平的提高毫不关心。但是，优秀教师做得远不止这些。这并不是意味着要你非得不断地疯狂学习新的课程，努力获得更多证书，忽视家庭生活。不是，优秀教师根本不是这样做的。他们在工作中坚持不懈、扎实合理地提高自己，一步一个脚印。他们这样做是因为认识到了其中的意义，而不是因为校长逼迫他们去参加又一项培训或者学校所在地区要求他们这样的。

这里可能又出现了一个问题，如果你去参加一场令人厌烦的报告会怎么办。这又是一个合理的议题，因为我们每个人在教学生涯中总会时不时地碰到这种情况。但是最优秀的老师即使在这种情况下，也知道怎样提高自己。他们是这样做的：他们研究这些报告人并且记下报告的败笔，然后在他们的教室里避免重蹈覆辙。是的，在给一群成年人做报告抑或在教室里教一群学生的时候，知道什么不要做跟知道什么应该做是同样重要的。保持高效率的唯一方法是不停地学习怎样达到高效率！所以对能使你成为更好的老师的任何事情都要留意。

继续你的学习，因为事实上你永远都是一个学生！

# 第五节　让专业的"血液"流淌全身

**我流淌专业的血液**

我流淌专业的血液，但是我不需要医药护理

这种血不是红色的那种，而是另外一种形态

在这种形态中我是一个榜样的角色，我的血液流淌到

每个学生身上

从我这里，我希望他们能够学习敏锐力、实践能力和细心谨慎

我的所作所为都在他们的注视下

因为我所说所做的所有都会影响他们

我的同事也在观察我——我被置于显微镜下

他们在等着看困局下我的反应和应对

所以我对我的言辞、衣着、表情小心冀冀

一个人的专业水平决定他是开辟路径还是断送事业

上面的诗句概括了一个优秀老师的特点。他们流淌专业的血液——跟生理伤口毫不相关，这种心理总是很难做到。本章的第二节讨论了"沦陷"的诱惑是很大的。教育有时是一件令人沮丧的事情，所以跟其他人交流沮丧经常充满吸引力，这就是为什么教师休

息室从来不是一个枯燥的地方！越枯燥，他们越容易倾向去那个地方。如果你忽略专业意识将会发生什么情况呢？我们要告诉你，你一旦放开它，你将失去它。你失去了你的专业素养同时也失去了同行的尊敬，所以一旦你丢掉了它，将很难再找回来。一个更好的解决方法是，不管付出什么代价，在任何地方你都应该保持你的专业意识。不要让沮丧偷走了你的尊严和专业素养，无论它多么具有诱惑力。

"专业女士"已经任教多年，但还是第一次在这所特别的学校教书。在她的第一节课上，她受到了"警告你"女士的热烈欢迎，"警告你"女士总自认为是女主人，告诫所有人谁是这个课堂上糟糕的学生。很快，她就跟专业女士搭讪，看着她的花名册介绍坏学生们的情况，包括他们的背景、家庭情况、坏习惯、以前的劣迹等等。（记得吗？我们在上一章第五节讨论过这种老师。）她非常喜欢传这些闲话，这些信息只能给别人造成伤害。"警告你"女士有一个双胞胎姐妹在"专业女士"原来的学校，"专业女士"立刻意识到她们的相同点，于是说了一番我们认为是非常天才或者非常专业的话："'警告你'女士，非常感谢你向我指出这四个学生。看起来你对他们的生活状态非常感兴趣，因为咱们都是老师。你刚刚指出的这些学生，因为他们是最需要我的人，所以我承诺我将更好地、更细心地教这些学生。再一次谢谢你的好意让我知道那么多东西！"

这不是很好吗？不消说，"警告你"女士疑惑地结束了这场谈话，走开了。确实，最好的老师总注重自己的专业素质。他们为之流血！不管别人说什么，不管有的时候他们会感到多么沮丧，不管有多少新教学计划、教学标准，他们总知道按如下准则行事：

> 如果你称自己是内行，那么在从事自己的专业的时候，你必须体现出专业素质。

## 第六节　竭尽全力，但不与人争

这里有一个测试题要问你：任何时候，谁是最好的老师？你知道吗？我们也不知道。谁都不知道这个问题的答案。这个问题真的重要吗？你看，教书并不是一场比赛。这里没有奖品来奖励最好的老师，真正的奖品是他们的教学影响了学生们的生活。通过每天尽你所能，成为最好的你，付出你最好的，你就能做到。听起来是不是很简单？好好想一想。

最优秀的老师知道，尽己所能并不简单。事实上是一件很难的事情，也是使人筋疲力尽的事情。它需要做很多工作，付出奉献、耐心、决心等等。在本章的第四节，我们讨论过在教学生涯中，不断提高专业素质的重要性——这就是尽你所能的一部分。

我们问了几个优秀教师，他们分享了他们保持积极态度，持续提高专业素养，保持高度热情，总之就是不断尽其所能的秘诀。这里引用了他们的一些话：

◆"如果你希望自己成为一个真正的老师，你必须总是站着，总是表现出兴奋——即使在你并没有这种感觉的时候——持之以恒地学习新的和更好的做事情的方法。这是一件很累但有回报的事情，一切都是为了孩子。如果你能一直这样保持专注，你将变得不一样。"

◆"我是所有学生的榜样，所有在学校的日子我都不能松懈。我必须一直警醒，我的言行对学生将产生重大影响。这是一个重大的责任。"

◆"我从来不试图成为最好，我不是在跟别人竞争，我只是在我每天的教学中做到最好。"

◆"我感觉每天的教学都是一个新的历险。我们从来不知道，每一天、每一刻的教学将带来什么。你必须随时防备你的学生向你扔东西——相信我，他们真的会扔。但我认为我更像一个教练，而不是接球手。如果你每天都能提醒自己，你的言行将影响你的学生，那么作为老师，你将不知不觉地学习和成长。学生们值得接受合格的教育，'缺斤少两'是一种欺骗行为。"

◆"我从来不认为教书是一项工作，我更愿意把它看作一种特权。当学习新东西的时候，能够看到年少的眼睛里闪烁着光芒，能听到他们充满活力的笑声，意识到自己是他们学习和笑声中的一部分——这是世界上最好的回报。孩子们给了我每天做到最好的力量。"

◆"我觉得诀窍就是你要爱你的学生。不幸的是，有些老师认为学生既调皮又邪恶，只不过是通过他们拿薪水而已。我不能想象做一件我不爱做的事情。我认为教孩子们是我真正热爱的事业。除了尽己所能，我还能做些什么？"

◆ "关于教学有太多的东西要学，我不认为你能够学完。对于我来说，经历32年的教书生涯后，我只懂得了所有教学知识的一点皮毛。我的秘诀是每天都不停地学习新东西，并且和同事们切磋。当我有新想法的时候，我总是不停地打扰我的同事。当然他们并不介意，毕竟他们也是老师！"

我们不能再画蛇添足，他们几乎道出了全部真谛！

## 第七节　将学生的利益放在第一位

我们比较了两个规模、人数、地理位置等等都相近的学校，唯一不同的是学校的师资水平。一个学校因为拥有很多优秀教师而享有盛名，另一个则恰恰相反。毫不奇怪，这个学校中学生的成就跟另一个学校中学生的成就差别很大（我们不需要再告诉你哪个学校的学生拥有更高的成就——这简直是侮辱你的智商）。我们经过深入调查了解，总结出如下结论：

◆ 好学校的老师更注重自己的风度，体现在教学时的语气，说起别人时的语气，当然还有他们对待孩子的方式。

◆ 好学校的老师撰写详细的课程计划，但是差学校老师的课程计划只包含一个列表，除了课堂活动在书上的哪一页以及学习单的页数外，几乎不能提供任何别的信息。

◆ 好学校的老师只是把教材当作一种资源，但是差学校的老师在所有问题上只依赖教科书。

◆ 好学校的老师在一起备课，并不刻板地遵循教科书的进度。他们根据学生的需求来确定教学。但是差学校的老师每天都严格遵循教科书的进度。如果学生们明白了、掌握了，当然是好事，但是如果他们不明白，那就糟了。

◆ 两个学校之间评估学生的方法差异很大。好学校中是全面真实的评估，所以学生在考试中真实展示了自己的学业水平，显示了他们的知识和思考能力。差学校的评估仅仅包括判断题、多选题和完形填空等形式的问题，老师承认这样的考试节约时间，可以很容易地打分。

◆ 好学校里面，每门课都教写作，而差学校里面写作只是语言艺术老师的任务。

◆ 好学校的老师不断接受高效教学技巧的训练，但是差学校的老师从一个计划跳到另一个计划寻求快速解决方案。

◆ 好学校的老师对所有学生都很了解，差学校的老师对学生一知半解，他们总认为学生是坏的。

◆ 好学校的老师花更多精力在教学上，而差学校的教学方法则机械死板（老师讲课，阅读课文，回答章节问题，完成作业，定义词语等等）。

◆ 好学校的老师用冷静、克制的方法处理纪律问题，通常自行解决；差学校的老师在处理纪律问题时往往失控，经常要把学生带到办公室处理问题。

◆ 差学校的纪律问题比好学校至少多出5倍。意外吗？

通过采访两个学校的老师，我们发现有件事情区别明显。好学校的老师把学生摆在首要位置，他们愿意更加努力工作并且做所有能使学生获益的事情。被采访到的差学校的教师中，没有一个愿意把学生摆在首位。没有一个人！大多数坏学校的老师抱怨学生，在为什么学生成绩如此之差的问题上为自己开脱。他们同时抱怨家长、政府部门，以及学校的董事会——你可以想到的任何事。

由此我们得出结论：好学校的老师每天都在实践着七个秘诀，差学校的老师却不这样做。简言之，好学校的老师做决定时把学生放在第一位，而不是只做对老师来说最简单的事情！

那么你怎样保证你的决定是基于学生的利益而不是仅仅图自己省事呢？很简单。按照以下方法做：做每一个决定时，你都问自己："这个决定对学生最有利还是只是让自己更省事？"这就行了。

如果你基于学生的利益来做决定，他们会如你所愿的"海阔凭鱼跃，天高任鸟飞"！

## 小　结

关于专业素质，记住以下几点：

● 如果你想要称自己为内行，在从事自己的专业的时候，你要让自己体现专业素质（我们知道这已经强调了好几遍，但确实是因为我们充分认识到了它的重要性）。

● 正确穿着，让学生觉得你很专业；当你遇到任何人的时候，能让他觉得你很专业。

● 如果你过分刻意去适应，很有可能将要陷入其中。

● 一旦你陷入，没有人会拉你出来！

● 在网上发布信息时要谨小慎微。

● 得体地使用社交网站，就像学生家长站在你身旁一样地自觉。

● 不要停止提高专业素养。

● 没有素质过高的老师，专业素质的提高永无止境。

● 流淌专业的血液！

● 尽己所能，成为最棒的自己，每天用你最好的状态来教学。

● 让学生成为你关注的焦点。做决定时把学生放在第一位，而不是为了让自己更轻松。

**章节练习**

回答下列问题可以使你对于本章内容的掌握情况有一个清楚的认识，即便对本章内容还达不到运用自如，那也没关系，相信稍加练习，你便会得心应手。

（1）在学校，我的衣着风格是随意舒适的，还是职业化的？

（2）我过分在意融入同事的圈子里吗？

（3）在网络空间，我保持职业素养，得体谨慎了吗？

（4）我高度重视持续提高专业素养，并且不断寻找更新更好的方法去影响和教授我的学生吗？

（5）在学校，我的衣着总是很职业化吗？

（6）每天我都能尽己所能，在教学中倾力而为吗？

（7）我做每个决定都基于学生的利益，而不是只图自己轻松、舒适吗？

你的心得：

## 按下按钮

我按下电梯按键

我心急如焚，希望它越快越好

我等啊等，等啊等，等待着电梯到来

我先是按了一下按键，然后又按了一下，两下，三下，四下……

而电梯仿佛永远不会来

我只能走楼梯

当然，这是一种很好的身体锻炼

这使我想到我班上的学生

他们每天都按下按键，迅速有力地按下按键

他们按下按键，他们的"电梯"——我——随之而来

他们乘着电梯上上下下

我心里一直在想，如果我不呼之即来的话，他们会不会自己

走楼梯

一直以来，我都不想继续放任他们的依赖性滋长

所以，从明天开始，我藏起"按键"

当他们发现我不再随叫随到，他们会寻求其他解决办法

所以，在此我给所有老师提出建议，尤其那些随叫随到的老师

不要让学生们知道按键所在

如此这般，学生们便会停止按下按键——

这是绝对的事实

## 第一节 藏起老师的"按钮"

在等电梯的时候，你有过不只一次按下按钮期待电梯快点到来的经历吗？如果你频繁地按下按钮，电梯就会来得更快吗？真的是这样吗？答案当然是否定的（想象一下，如果答案是肯定的，那么电梯的速度会由于不耐心的人频繁按下按钮而忽快忽慢，电梯里面的人必然会抓狂）。如果电梯迟迟不到，你会怎么办呢？走楼梯，对吗？除此之外，你还可以用其他电梯，而这些也恰恰和学生们在课堂上所做的如出一辙。学生们不断地按下我们的按键。起初，他们按了一次。当然，最优秀的老师不会给出任何反应。所以，学生们会继续按下按键，按得越来越快。这是事实，他们迫切地希望老师对他们的需求有所反应——这不是因为他们不好，而是因为他们都是孩子。

而不太优秀的老师每次都会顺应孩子们的需求——他们会立刻有所反应。所以，学生们会频繁地按这些老师的按键，一整个学年这些学生们会一直依赖老师。长此以往，这些老师总会抱怨分到自己班上的学生是最差的。然而，为什么同样的情况总是发生在他们身上呢？其实，答案很简单，最优秀的老师都知道这个答案。他们藏起自己的按键。藏起按键的最好方式就是对于学生的请求不做任何反馈——至少不会表现出来。然而这并非意味着他们对学生非常恼火或者他们不想给学生反馈——他们很想这样。他们和一般的老师一样，充满人性的关爱。

但是，请这样来想这个问题：想象一下你来到电梯间却找不到按键，你会怎样做？你可能会非常困惑，你会在应该安装按键的墙上到处寻找，寻找那些应该存在着的按键。但是一旦你意识到，按键的的确确不存在，那么你可能不得不走楼梯或者去另外一个电梯间。这是一个非常好的例子——在最优秀的老师的课堂上经常出现。学生们会尝试着找到你的按键。如果你的按键不在显著位置，他们将不停地寻找。在寻找了一会儿之后，他们一无所获，将转向其他的老师来寻求帮助——而这些老师的按键都在显著位置——他们的按键清晰而明显，几乎一眼就可以发现。

那么你怎样来阻止学生按下你的按键呢？首先，你需要意识到学生正在按下按键。以下是我们给出的几个简单问题，你可以先问问自己再决定是否允许学生们按下按键：

◆ 学生们知道他们什么时候让我心烦吗？

◆ 他们知道我对他们很恼火吗？

◆ 当我因为学生而生气、不安或者失落的时候我看上去什么样？

如果你可以诚实地回答这几个问题，那么从现在起你将知道什么不应该做，而你要做的恰好相反。如果你常常叹息，那么以后就不要再这样了，你要做的是深呼吸一下，然后慢慢让自己平静下来。

如果你在生气或者烦恼的时候说话声音很大，那么下次就别这样做。缓慢地、温柔地讲话，即便使用的是严肃的口吻，这样你就可以不失耐心地让这个学生意识到自己的过失。请记住，如果你生气了，或者不能理智地思考，那么就不要采取任何行动，直到你觉得已经恢复平静为止。你可以做到！

> 这就是秘密：表现得冷静而不是失意，是解决问题时的润滑剂。

## 第二节　怎样使学生们保持自律

最优秀的老师们有一个心照不宣的秘密：他们的课上几乎没有纪律的问题。当然，他们也面临着纪律方面的挑战。你看，只要有学生存在，就永远会存在纪律方面的挑战。然而，最优秀的老师绝不会允许这些挑战转变为问题。我们发现他们有两个共同点：

◆ 他们都有详尽明确的纪律规定。

◆ 他们一以贯之地执行这些规定。

听起来很简单？是的。这些老师不会让事情变得复杂化。他们在最开始都会设定一个计划。他们的计划也包含几项纪律，每条纪律都会对应一项惩罚措施——非常明确、详尽、恰当的惩罚措施——一旦违纪，就必须承担后果。学生们事先知道这些，他们知道老师无论如何铁定会执行这些纪律规定。

一个老师这样说道："学生们希望有纪律存在。他们希望确切地知道他们在每个老师的课堂上可以做什么，不可以做什么。所以我会在课前告诉他们，让他们知道我是一个言而有信的人。这样的话，我就可以按照规定行事。我让学生们一起制定纪律规定，然后，当某个学生违纪，他很清楚地知道会有什么后果，而我也绝不会姑息。我只是简单地提醒他，他违反了规定，就必须承担后果。这让我免去了很多头疼的事情。我拒绝和学生争论以及讨价还价。他们所要知道的就是，我是专业的，我对他们负责，我要始终如一。"

另外一个老师和我们分享了下面的故事："我只有四项纪律规定，但是我对其贯之以始终。关键是执行规定的时候要非常理智和平静。其中一个规定是，任何学生都不能够取笑他人。我向学生们解释取笑他人之所以被禁止是因为我太在乎他们之中的每一个人，因而不允许其他人取笑。如此，我得到了他们所有人的支持。当一个学生取笑另外一个的时候——而这确实经常发生，我平静地采取惩罚措施。没有慌乱，没有争论，没有压力。而这确实奏效，我现在没有被纪律问题所困扰，这不是因为我教的学生多么优秀。每个人都想知道我是如何做到的，我告诉他们我的全部做法。令人吃惊的是，很多老师居然不是这么做的！"

通过观察前面两位老师，以及其他我们认为最优秀的老师，我们还发现他们都是非常优秀的课堂管理者。正如在秘诀2第二节和第三节所谈到的，有着最好的管理计划的老师们只制定区区几项纪律，因为他们更多倚赖规范。他们虽然只有几项纪律规定，却始终如一地执行。

所以我们鼓励你向最优秀的老师学习——执行一个纪律预案然后持之以恒加以执行。当学生违纪时不要和他们争论，因为从来就没有必要和一个学生争论。

那么本节主旨是什么呢？

> 如果有人违纪，不要恶语相向。只是建立纪律规定，然后坚持贯彻执行，纪律问题自然会无影无踪。

## 第三节　怎样利用心理学减压

也许这并不能被称作秘密，最优秀的老师总是看上去最放松，基本没有纪律问题的烦恼。这是因为他们知道如何运用心理学方法来避免潜在的问题，而且他们自己也乐此不疲。

下面是老师们运用心理学方法的两个例子：

## 例1

光明女士（当然这不是她的真实姓名，但是我们觉得她的处事方法确实与这名字极其相符）班上有一个学生总在上课的时候缝纫，没错，是缝纫。她总是在修补她的斜纹棉布钱包上的皮带儿。光明女士没有批评她让她当众出丑，没有说类似"莫妮卡，立刻把你手里的东西放下！否则下课来我办公室一趟"的话，相反，光明老师面带微笑，轻轻地走近莫妮卡，说："莫妮卡，我以前不知道你很擅长缝纫。我知道你马上会把它们收起来，但是我很高兴知道你懂得缝纫技巧。我也很喜欢学习缝纫。恰巧，我的一件夹克少了一个扣子，能不能请你帮我把这个扣子缝好呢？"这个学生非常惊讶，乖乖地把手里的针线放在一边，点头说可以帮光明老师缝补她的夹克。最让人称道的是，光明老师回到家里，她真的从自己的夹克上拆下一枚扣子，然后将夹克带给莫妮卡。莫妮卡将夹克带回家，第二天便将缝得整整齐齐的夹克归还给光明老师。"从此之后，她全神贯注地听课，再也没有上课分心。"光明女士咯咯笑着对我们讲述这个故事。

当被问道为什么她会对莫妮卡采用这种特殊的心理策略，光明女士说："她在家里和学校里都不太听话，家长和老师们都很头疼。我知道批评她或者当着她同学的面训斥她只会让她更加怨恨，在课上做比这还糟的事，反而会弄巧成拙，而且这样的恶性循环会不断持续。所以，取而代之的是，我采用了心理学方法。我打算让她为我做一套衣服。"

## 例2

一位很好的老师告诉我们，他发现，所有学生都喜欢被老师差遣或者帮老师做一些事情。所以当他发现一个学生没有在学习——不管是因为什么原因——他就会对学生说："当你完成功课的时候，我希望你能帮我做一件事情。所以，等你做完了就过来找我。谢谢。"
他说这一招屡试不爽，然后，老师会对学生大加赞赏。这个学生通
常都会立刻开始做功课。有时候，他只是让学生取一件东西。有
时候，他会请学生将一些东西送到办公室。"其实我就是简单地哄
他们，让他们开始学习，"他说，"这很有趣，学生甚至不知道我到
底想干什么！我深深知道，如果我利用我的'权威'或者'监督'
来让他们做功课，将会有无穷无尽的纪律问题摆在我面前。我相
信，通过使用心理学方法，我避免了学生们可能发生的90%的纪律
问题。"

　　当然，这些仅仅是通过心理学来解决或避免纪律问题的无数个
例子当中的两个。我们继续研究，发现所有优秀的老师都会使用心
理学方法来促进学生努力学习、品行优良、全力以赴，同时这些老
师都很擅长在他们的课堂上使用这些语句，比如：

◆　谢谢你能……

◆　我真的欣赏你……

◆　我相信你能够……

◆　我理解……

◆　我喜欢你……的方式！

◆　我因为你的……而骄傲！

◆　你应该为你的……而自豪！

我们最喜欢的一句话是："感谢上苍赐予我这个优秀的班级！"

> 心理学技巧确实有效果，而且充满乐趣，在课堂上使用心理学知识是你顺利教学的保证。

## 第四节　好老师，坏老师

在我们的观察中，发现一些——或者说许多老师都认为教学是一件苦差事。通过和这些老师交谈，我们发现他们有一些共性的地方。下面是这些老师经常说的：

◆ 退休遥遥无期啊！

◆ 如果我可以摆脱这几个学生，我的生活将多么美好啊！

◆ 我把最差的孩子送到教导处，但是教导处从来都不管他们！

◆ 今天的孩子们啊，你根本没有办法激励他们学习！

◆ 他们的家长根本不在乎这些孩子，那我怎么能管好他们呢？

◆ 我不是视频游戏，所以对他们来说没有吸引力！

◆ 书面工作太烦人了！我什么时候才能有时间教学呢？

◆ 我拒绝不断改变教学去适应最新的教学标准！

◆ 学生们根本不在乎学习，他们太懒了。

这些就是一些教师口中有关教学的苦恼。让人悲哀的是这些老师根本不知道其实他们可以变得更好，因为他们已经陷入了痛苦的循环。

观察一下你所在的学校，你会发现最好的老师总会选择更好的处理方式，而不是将教学归类为痛苦。当优秀的老师发现班上有学生行为不端的时候，他们会这样：

◆ 老师先发制人，主动采取行动。

◆ 老师会平静地和学生交谈。

◆ 老师通过和学生谈话找到学生行为不端的原因。

◆ 老师尊重学生，要学生为自己的行为负责。

◆ 老师从来不会失去冷静。

　　至关重要的是最优秀的老师会利用各种情境——即使是很糟糕的状况——妥善应对，使得他们自己因此变得更优秀。最好的老师们和其他老师一样，都会经历失意，他们也会犯错误，他们面对的学生是一样的。差别就在于他们懂得如何将这些状况转化为有利的学习机会，而不是怨天尤人，把自己当成受害者。

　　这样来想问题：

◆ 你喜欢一个积极乐观的医生还是一个不停抱怨的医生？

◆ 你喜欢一个积极乐观的金融分析师还是一个不停抱怨的金融分析师？

◆ 你喜欢你的爱人积极乐观还是不停抱怨？

◆ 你喜欢好喝的牛奶还是发酸的牛奶？

　　发酸的牛奶在嘴里留下苦涩的味道，而抱怨连连的老师会给学生留下苦涩的记忆。

## 第五节　怎样成为学生心中的理想教师

最好的老师们和我们分享了一个秘密——如果你想知道一个学生想要什么和需要什么，那就直接问他！所以我们从这种方式入手，直接询问学生，他们心中理想的老师应该是什么样子。我们采访了从幼儿园到高中的学生，不出所料，他们的答案是如此的相似。以下是这些学生从老师那里想要的和需要的。

◆ 学生们希望老师对他们和善，时常面带微笑。

◆ 学生们希望老师关心他们。

◆ 学生们希望老师理解他们。

◆ 学生们希望在困境下，老师可以伸出援手。

◆ 学生们希望老师有耐心。

◆ 学生们希望老师公平而且一视同仁。

◆ 学生们希望老师真正热爱本职工作。

◆ 学生们希望老师值得信任。

◆ 学生们希望老师不要对他们大喊大叫。

◆ 学生们希望老师花时间了解他们。

◆ 学生们希望老师信任他们。

◆ 学生们希望老师的课堂充满乐趣、富有意义。

◆ 学生们希望老师不会让他们当众出丑。

◆ 学生们希望老师为他们设置挑战，让他们不断超越自我。

◆ 学生们希望老师成为成功路上的引路人。

◆ 学生们希望老师永远不会放弃他们。

当然，学生的期望不止于此，但从以上的几条我们可以看出学生们的所思所想。让人感到奇怪的是，许多老师从来没有询问过学生想要什么，需要什么，期望从课堂上学到什么。随之而来的是许多纪律问题就会摆在这些老师的面前。

如果你问学生，他们需要什么，想要什么，你一定会听到上面所罗列的这些内容。只要你去问他们，就表明你在乎他们，而且愿意倾听。这并不是说你可以满足所有孩子的需求，这是不现实的，但是你可以努力成为他们心中理想的老师。你可以问一个5岁的孩子和一个18岁的孩子，你会发现他们对理想老师的回答是如此之相似！

好了，现在我们已经告诉你学生们的需求，那剩下的就全看你了。你可以根据你的具体情况，将上述列表加以改进和完善，转化为你课堂上遵循的"教师信条"。它可能是下面的形式：

## 我对你的承诺，我亲爱的学生

◆ 我保证会更加和善，多多微笑。

◆ 我保证关心你们中的每一个人。

◆ 我保证理解你们。

◆ 我保证在你们遇到困难的时候，伸出援手。

◆ 我保证更加耐心。

◆ 我保证公平，而且一视同仁。

◆ 我保证会热爱教育事业。

◆ 我保证值得你们信任。

◆ 我保证不对你们叫喊。

◆ 我保证我会尽力了解你们每一个人。

◆ 我保证信任你们每一个人。

◆ 我保证让课堂充满乐趣、富有意义。

◆ 我保证不会让你们当众出丑。

◆ 我保证设置挑战，引导你们实现自我提升。

◆ 我保证竭尽全力助你们成功。

◆ 我保证无论何时都不会放弃你们。

> 成为每一个孩子都期待的老师吧，你的课堂将让每一个学生轻松愉悦。

## 第六节　怎样自我约束

最优秀的老师都有一个共同的特质，那就是自我约束。为什么自我约束在课堂上如此重要呢？这是因为，如果你不能约束自己，那么你就不可能管理学生。因此，自我约束是应该首要关注的。

下面我们来看一下对于同样的情况，两个老师完全不同的处理方法。其中一个老师有很好的自我约束意识，另外一个则没有。

我们首先看一下保险丝盒老师的情况。

## 保险丝盒老师

艾米没有做功课，保险丝盒老师让她赶紧开始做。艾米厉声说道："我什么都没做，×××（你可以想象，这是一句粗鲁的脏话）。"保险丝盒老师停了下来，盯着艾米看了一会儿，说："你刚才说什么？"当然，艾米重复了一遍刚才的话。保险丝盒老师顿时怒火中烧，爆发了，而艾米却火上浇油。两个人针锋相对，越吵越厉害。很快，艾米被送到了办公室。保险丝盒老师回到教室，带着怒气继续讲课，剩下的半天时间依旧气愤不已。而艾米在等待校长的时候，静待筹划着如何报复。谢天谢地保险丝盒老师没有养猫，否则她回家的时候这只猫一定会被狠狠地踢上一脚。现在，她也许会把怨气都发泄在丈夫身上。

下面，我们来看看不动声色老师的课堂。

## 不动声色老师

艾米没有做功课，不动声色老师让她赶紧开始做。艾米厉声说道："我什么都没做，×××（你可以想象，这是一句粗鲁的脏话）。"不动声色老师停了下来，平静地对她说："我知道你现在心烦意乱。等你平静下来我再找你谈。"之后，不动声色老师继续上课，仿佛什么都没有发生。艾米顿时变得迷惑不解，满心期待着一场争斗，不成想老师却打太极化解了。稍后，不动声色老师叫艾米一起来到走廊，说道："艾米，发生了什么？从你刚刚喊叫的声音里我可以听得出来你现在很崩溃。我很担心你，有什么事情让你烦恼了吗？"艾米告诉不动声色老师，她在今天早上上学之前和妈妈发生了一次争吵，她现在非常难受，随后她向不动声色老师道了歉。老师和学生都回到了教室。

让我们来分析一下这两种情况：

◆ 保险丝盒老师的按键很容易就被艾米摁下。

◆ 不动声色老师却不让学生按下她的按键。

◆ 两个老师在一开始都非常震惊，保险丝盒老师被动反应，而不动声色老师主动出击。

◆ 保险丝盒老师失控了。

◆ 不动声色老师保持了很好的自我约束。

◆ 保险丝盒老师的反应是火上浇油。

◆ 不动声色老师没有火上浇油。

◆ 保险丝盒老师表现得受到羞辱。

◆ 不动声色老师表现出了对学生的关心。

最好的老师都知道，不管发生什么，失去自控能力是最差的选择。事实上，在每一间教室里，总有人能克制自己。这个人是你还是你的学生？

---

当你失去自控能力的时候，你就失去了与学生的和谐关系。你属于你的学生，而不是他们属于你。

## 第七节 怎样发现每个孩子的优点

有句老话："自信才能成功。"这句话在课堂上也是成立的，最优秀的老师充分践行了这句话。最优秀的老师知道，当孩子们自我感觉良好的时候，他们往往不容易犯错误。那怎样才能使孩子们自我感觉良好呢？你可以尽可能找到他们的优点，赞扬他们，仅此而已。但是如果你不能找到某个孩子的优点呢？那么请睁大你的眼睛，每个孩子必然会有自己的优点。

作为老师，我们被教导要学会发现问题，分析问题，找到解决问题的办法。这是没有错的，而问题在于你关注的仅仅是问题本身。你可能会成为本章第四节所描述的抱怨不迭的老师。因为事实是，老师们更加善于发现学生的问题，而不是学生们的优点。

你还记得大学的课程讲过如何发现学习或者行为问题，并且清晰指出这些问题吗？我们都上过这些课程，而且确实受益匪浅。但是你记得这些课程讲过如何发现学生好的行为表现和学生的成功并且给予鼓励吗？答案是否定的，你不记得上过这些课程，因为学校没有设立过这些课程。然而，最优秀的老师，尽管也没有上过这些课程，他们依旧很擅长发现学生的优点。他们不断地发现和鼓励学生身上好的行为习惯，自然而然，这种努力得到了回报。

一位优秀的老师告诉我们："我每年做的最为重要的事情就是尽可能地了解每一个学生——他们的兴趣、他们的天赋、他们的爱好等等。我只有一张很简明的关于学生兴趣爱好的表单，但是这可以帮助我和学生找到话题，而且我们可以谈很多。我的学生慢慢了解我，我也逐渐了解我的学生。我总是惊奇地发现我的学生如此的多才多艺——有些是艺术家，有些是音乐家，有些是机械师，有些是学者，有些是哲学家——他们都才华横溢。有一些我不知道他们的潜力在哪里，那么我的责任就是帮助他们来发现自己的潜力。"

我们观察的另外一个老师使用了她称之为"谢谢你"的方法。该方法是这样起作用的：她每天都不断地使用"谢谢你"的字眼，从学生们进入教室到他们离开。她从心底里谢谢他们可以每天来上课，所以她每天在门口跟这些学生们打招呼。她感谢他们遵规守纪。当发现一个学生由于课间休息时的事情而闷闷不乐，她便对这位刚刚进门的学生说："谢谢你没有把课间休息时的烦恼带进来。我知道你不开心，而且我也知道不把这些不开心带进教室有多难。所以想提前谢谢你，没有把不开心带到教室来。真的感谢你。"这位老师提前预防，让学生的闪光点显露出来。

优秀的老师不会以学生们现在的表现来为其下结论，他们看到的是学生们将来会成为什么样的人。每个孩子内心都有优点，只不过有的时候需要更深入的挖掘才可以发现这些潜藏的优点。

现在拿出你的铲子，
清扫蛛网和灰尘，
你将会为自己的发现而惊喜不已，
每一颗心灵、每一个头脑都有闪光点。

## 小　结

关于自律，记住如下几点：

● 不要让你的学生看到你的按钮。如果他们找不到，他们就不会按下按钮。

● 在任何情况下都要保持冷静。

● 制定一个详细的纪律守则。

● 坚决执行你的纪律守则。

● 永远不要和学生争论或讨价还价。

● 如果你的课堂行为规范细致全面，你就不需要制定多条纪律。

● 使用心理学方法来避免潜在的学生纪律问题。

● 询问学生他们想要什么，需要什么，希望从课堂上得到什么。

● 建立老师的自律信条并张贴起来。

● 善于运用各种情境来学习和成长。记住：要成为积极乐观的老师，而不是怨声不止的老师！

● 对待学生，对事不对人。

● 永远不要在学生面前失去理智。

● 践行自我约束，不要让自己成为保险丝盒老师。

● 发现每个学生的优点！

● 发现每个学生的优点！

● 发现每个学生的优点！（我们认为这句话值得反复强调！）

## 章节练习

回答下列问题可以使你对于本章内容的掌握情况有一个清楚的认识。即便对本章内容还达不到运用自如，那也没关系，相信稍加练习，你便会得心应手。

（1）我曾经允许我的学生们摁下我的按钮吗？

（2）我清楚我的纪律守则，并一以贯之执行吗？

（3）我使用心理战术进一步在学生中树立威信和避免潜在问题发生吗？

（4）我选择成为更好的自己，把错误和冲突当作成长的契机吗？

（5）我问过我的学生们如何让课堂更吸引人，以及如何使我的教学更高效吗？

（6）无论我的学生们能否控制自己的情绪，任何时候我都注意保持沉着冷静吗？

（7）我从每位学生身上发现长处，并帮助他们意识到自身拥有的强大力量吗？

你的心得：

## Secret Seven
### The Secret of Motivation and Inspiration

# 秘诀7
## 赞扬和激励
## 是最好的朋友

## 一盎司激励

给我一盎司激励

引领我，给我动力

这将激发我的想象力

你将看到我挥汗如雨

我发现我的思想已经打开

我的创造力在飞驰

持久的关注

啊！我做到了，这让我兴高采烈

## 第一节 怎样让你的兴奋感染他人

我们的记忆中有两组老师——极其优秀的一组和极其糟糕的一组。

请花点时间来回忆你经历过的最好的老师。你可能会惊讶于你可以回忆起的内容之多，你可能会回忆起一些同学，回忆起教室是什么样子，回忆起一个或两个令人兴奋的活动，或者可能仅仅是一些每天的例行公事。但是即使你不能回忆起这些，你一定还记得你对那些课的感觉，而且，你会牢牢记住这位老师——为你的生活带来欢笑和成功的老师——当你阅读这些文字的时候你仍然会想起他（她）。

现在我们回忆一下你所经历过的最糟糕的老师。你现在还有感觉吗？还记得你或者其他同学是被怎样对待的吗？那位老师在的时候你有什么感觉呢？还记得这位老师每天在课堂上的尖声怪调吗？还记得这位老师可怕的嗓音吗？

好了，我很同情你。我们不是有意让你血压升高，但是我们需要比较他们的不同。所有人都有过喜爱的课和痛恨的课。爱或者恨都取决于一个人——老师。很自然地，在最优秀的老师的课堂上，兴奋是可以传染的。正如一位优秀老师所说：

"作为一个老师，我的情绪决定了今天教室里的气氛，我的音调决定了整堂课的基调。如果我发现我的学生有丝毫的无精打采，我会马上看一看镜子中的自己。虽然这并非易事，但我知道为了激励和鼓舞学生们，我自己必须首先兴奋起来。所以，在那些天，当我发现自己不够热情和动力十足，我会尽量装出兴奋的样子。我的学生几乎看不出我心情低落！"

每天，我们都会和遇到的教师同事们打招呼。同事每次询问"近来如何"的时候，我们都有一个选择。如果我们笑着说"很好啊！你呢？"那么你设定了一个积极的基调。如果我们说"你真的想知道？"这就是完全不同的基调了。老师，归根结底也是人，我们也有私人问题——好的或者不好的。这里有一个秘密：较差的老师把他们的私人问题和个人情绪带到课堂上，而优秀的老师不会这样做！

每天，优秀的和糟糕的老师都会安排如何进行当天的课程。如果把每天看作半杯水，优秀的老师看到还有一半就满了，糟糕的老师会发现只剩下一半了，最差的老师觉得又一个杯子要洗了！

学生们会积极回应乐观、兴奋的老师。如果老师确信这节课是与学生息息相关的，可以激发学生兴趣、令人兴奋的，那么学生们就会觉得这节课是与他们息息相关的，可以激发他们兴趣的、令人兴奋的。方法就是一切。最好的老师可以把看起来无聊的课程变得生动活泼，而最差的老师会抹杀最有趣的内容。

归根结底，这取决于你自己。你可以选择你每天在教室的态度，然后学生们会知道你的态度暗示什么。你决定了课堂是阴雨绵绵还是晴空万里。

---

你课堂明天的天气预报是什么？晴空万里，乌云密布，大雨瓢泼还是可能会有龙卷风？

## 第二节　怎样让每一个学生觉得他是你的最爱

如果你走进最优秀老师的教室，你可以读懂孩子们的想法，你会发现教室里的每一个孩子都觉得他是老师最喜欢的学生。相反，如果你走进最糟糕老师的教室，仔细领会孩子们的想法，你会发现大部分的学生都不觉得自己是老师最喜欢的学生，因为这些老师都有最喜欢的学生——一个或者两个——是的，这些特殊的学生会被其他学生怨恨，他们被其他的学生叫作老师的"宠物"。这永远不是一件好事情，所有的学生都希望并且应该和班上的其他人一样得到老师的重视。最优秀的老师知道这一点，所以他们找到了使每个学生都觉得自己与众不同的办法。

当被问到怎样使每个学生都觉得自己与众不同而且得到重视的时候，最优秀的老师会这样说：

"我知道当一个学生感到他对我来说很特别的时候，他会更加积极地做功课，写作业，热爱学习。如果我可以让学生积极地做功课，写作业，热爱学习，那么就没有什么我不能教会他的。所以，如果我希望所有学生都积极地做功课，写作业，热爱学习，我别无选择，只能让他们觉得，他们每个人都有与众不同的地方。我每天都礼貌待人，欢迎他们来到我的课堂，倾听他们，尽量了解他们每个人的生活；当他们成功的时候为他们鼓掌，当他们受挫的时候为他们加油。这并不意味着我姑息学生的过失。正如我最喜欢的老师对待我一样，我尊重这些孩子，重视他们。我真的认为我是她最喜欢的学生。所以这样来看，我班上的学生也是这样定义他们自己的。"

最优秀的老师知道，如果班上的每个学生都能感觉到自己受重视，那么没有人会怨恨班上其他被重视的学生。然而，如果一些学生感到自己在班上没有任何价值，整个教室就会成为充满怨气的场所。

我们还发现，最优秀的老师很擅长做积极的评价。以下是一个例子：学生在午饭之后回到教室，老师用友好的、积极的语气说道："谢谢你们能安静地走进教室。我真的很感谢大家能够这么快就为下节课做好准备。"老师的态度平和而真诚，你知道老师在说哪些学生吗？所有这样做的人都得到了老师的表扬。这被称作匿名公共表扬，而且确实奏效。通过这样做，老师告诉学生：什么对她来说是重要的，她希望学生怎样做。她同时也让所有学生感觉到了被尊重和被重视，因为即使那些没有安静地进入教室的学生也会暗自想老师可能没有注意到他们，然后安静地回到座位上，忙起来。

现在让我们用上面的例子比较一下这位老师，她喊到："安静！"即使只有几个学生比较吵闹，这位老师还是使用了匿名公共批评法，而且这通常毫无效果。她刚才的做法仿佛是说所有学生都没有听话，这当然包括那些安静进入教室的学生。而恰恰是这些学生受到的影响非常大。这好像是当校长说"一些老师还没有提交成绩单"时，一些已经把成绩单交到了办公室的老师也屏住呼吸，小心翼翼地问秘书："我还没有提交成绩单吗？幸运的是，我做了5个备份，其中一份在家里电冰箱上，只要家里不发生火灾我就可以取来。"没有提交成绩单的老师，其实，是最不在乎校长批评的。实际上，匿名公共批评法只会使得他们猜想："哦，好呀，不只我一个迟交了，还有很多人啊！"

即使我们将在本章的第四节详细说明如何使用赞扬，我们还是要在这里说明匿名公共表扬的有效利用可以使所有学生感受到自己被重视；匿名公共批评的效果刚好相反。那些感到被重视的学生都相信自己是老师最喜欢的学生。想激励和鼓舞你的学生吗？让他们相信，他们每一个都是你的最爱。

### 谁是我老师的最爱

谁是我老师的最爱
我确信那就是我
什么？你觉得那是你
这根本不可能

当然，既然你提到了这个话题

她公平地对待我们

她对我微笑，也对你微笑

她叫我们的名字

当我遇到困难的时候她帮助我

当你这样她也一样

她帮助我们变得更好

不管我们试着做什么

不管她有什么样的课堂规定

都经过我们的认同

当我们想要放弃的时候

她总是鼓励我们继续努力

那么，谁是他最喜欢的学生呢

我们谁也不能否认

这再明显不过了，看上去我们是平局了

## 第三节　怎样向每一个学生表达你的关心

最好的老师都同意的一点是：最好的激励和鼓舞学生的办法是向他们坦承你对他们的关心。较差的老师不屑于花时间了解自己的学生，他们没有看到这里面的关键。

一位课程督学被老师请到办公室。根据老师的说法，一个学生总是引起很多麻烦。这位老师抱怨说，她已经尝试了各种方法，但是该学生都没有改观。在观察过这位老师的课堂之后，督学立即发现了两个问题：（1）该学生坐在教室的最后面，而这位老师一直都在教室前边讲课；（2）这个学生总是低头看着自己的腿。

在观察之后，这位老师对督学说："当然，他今天表现良好是因为你在这儿。"督学说："这个孩子的大腿出了什么问题？"这位老师简单地回答了三个字："不知道。"而这个学生，在一次事故中伤到了腿，老师却根本没有询问发生了什么。她的借口是，在他盯着大腿看之前他的表现就很差，所以事故和他的表现毫不相关。

人类最基本的需求是感觉到被重视。一些学生被上天眷顾，他们的父母和家庭每天充分地重视他们——这是非常好的。作为老师，在班上有几名这样的学生是极其幸运的。然而，总有一些学生在家里没有得到这样的待遇。当这些学生被安排到最优秀老师的班上时，他们是幸运的，因为这些老师知道如何让他们感觉到被重视。但是不管学生在家里是否被重视，让所有学生感受到被重视在我们的课堂上和学校里是非常关键的。正如一位很优秀的老师所说："我要每天都向在走廊里遇到的学生们问好。不管他们是我以前的学生还是现在的学生，或者从来没有上过我的课的学生，我知道对他们微笑是件很容易的事情，这是免费的，但这会使我们都感觉更好。令人感到遗憾的是，对于有的人来说，这是他们这一天中收到的唯一友好的问候。"

最优秀的老师，当然，不仅仅是简单地问候学生，他们真的去了解学生的爱好、个人兴趣和他们的梦想。通过了解学生的个人情况，他们的学生和老师的联系会更紧密。

研究证明，老师们更尊敬那些不仅关心他们的工作，对他们的生活也表示关注的校长（《如何调动和激励教师》，中文版由中国青年出版社2007年5月出版）。课堂中的学生们也会有同样的感觉。他们需要了解我们，我们需要了解他们，他们需要知道我们真诚地关心他们，不仅作为我们的学生，更是人之常情。

知道学生的背景有利也有弊，这取决于我们如何处理这些信息。最优秀的老师知道利用这些信息来辅助他们，来更好地了解学生。他们利用已知的学生信息来帮助他们因材施教。对于一个背景极具挑战性的学生，优秀的老师永远不会放弃对他们的帮助。

任何一位老师都可以教出足以在毕业典礼上讲话的优秀学生，我们都享受着为这类优秀学生教学的乐趣。然而，我们教学中最大的满足感来自于教授那些更需要我们帮助的学生——那些从来不可能代表大家在毕业典礼上讲话的学生——因为我们的关爱他们才得以健康快乐地成长。

> 所以现在开始了解你的学生，也让他们了解你
>
> 他们终有一天会成功，你就是他们成功的一个因素

## 第四节　怎样使赞扬的力量最大化

最优秀的老师认为影响学生的最有力的工具之一是赞扬。然而，许多老师并不熟悉有效的赞扬。为了简化问题，我们来分解一下成功这个词（SUCCESS）：

S——Specific 明确的

U——Unconditional 无条件的

C——Credible 可信的

C——Consistent 始终如一的

E——Enthusiastic 热情的

S——Stand alone 单独的

S——Suitable 适当的

下面我们一个一个来看。

S："明确"可以极大地增强赞扬的力量。你所奖惩的行为是最容易被复制的，所以要明确你希望被重复的行为。如果你夸赞一个学生的毛衣好看，你会惊讶于他随后穿着这件毛衣的频率。如果你只在一个学生有了不良行为的时候才注意他，那么你一定会发现这个不良行为还会频繁出现。然而，如果你不是在他上课说话时注意他并指出来，而是在他没有上课说话的时候注意到他并且表扬他的行为，你将在问题的处理上扭转局面。另一个关于明确表扬的例子是，当人们说"你听讲座时注意力很集中"，要比总是说"表现不错"效果好得多。通过你不断地赞扬某些积极行为，这些积极行为再次出现的几率会明显增加。

U：赞扬最具有挑战性的一面是其无条件性。赞扬是一种礼物，不期待回报。最优秀的老师十分清楚这些，他们从不期待自己给了学生赞扬之后会有任何回报。但是你将经常听到较差的老师说他们的赞扬毫无效果。这是因为他们期待着回报，这是一个潜在的交易："只有你对我好，我才对你好。"这是一种权力斗争，和赞扬完全是两回事。

C：赞扬，一定要可信。为了让学生信任我们，赞扬一定要真实而且真诚。让我们来看一看生活中的真实例子吧——恐怖的节食！尽管节食很难坚持，当人们谈及节食的时候，都会认为最有效的鼓励是听别人说"你看上去好极了"，这难道不比别人说"这只是时间问题"听上去更激动人心吗？

C：赞扬必须经常进行。这样来想：没有必要等到一个人体重降了35磅再去赞扬他。如果你在第一次看到他没有大吃大喝垃圾食品的时候就表示赞扬的话，效果会更好。在课堂上也是这样。最好的老师不会等到学生完成了整个作业再夸赞他们。他们知道在进行中就夸赞他们可以促进任务更好完成。请记住始终如一地鼓励并不意味着我们每次都加以强调，而是要有规律地不间断地表扬。正如一位优秀老师所言："学生们喜欢你对他们的行为加以赞扬，只要它是可信的，他们永远不会感到厌烦。"

E：赞扬也应该以一种热情的方式进行。务必使学生们知道你很开心、为他们骄傲，这对赞扬的效果很重要。拉尔夫·沃尔多·爱默生说："没有热情，一事无成。"

S：赞扬另外一个很重要的方面是表扬中不加入否定。如果我们说这样的话"你今天在阅读小测验中做的很好，但是你的数学……"，那么这个学生将只听进去了"但是"之后的话。如果一个人问你"你今天节食了吗？你确实看上去瘦了好多，但是你的头发怎么了？"你很可能想马上走开，并且感觉他的问话中羞辱的意味多于赞扬。

S：最后，赞扬一定要符合那个学生当时的实际情况。对于一个正在拼命努力达成一项目标的学生来说，他需要在他小试牛刀时得到表扬。这对这个学生来说是合适的。相反，同样的情况下赞扬一个水平较高的学生，就不太合适了。一个从不交作业的学生最需要的赞扬是在他终于交了一次作业之后。

事实上，公平地对待所有学生（天资和成就不同的学生）本质上是不太公平的，在进行赞扬的时候也不能采用同样的标准。尤其，不要让某方面有天赋的学生得不到你的赞扬。所有学生（和所有成年人），无论能力水平如何，都渴望得到赞扬。

记住这个词——SUCCESS（成功）。这七个字母对于成功的赞扬是至关重要的：

S——Specific 明确的

U——Unconditional 无条件的

C——Credible 可信的

C——Consistent 始终如一的

E——Enthusiastic 热情的

S——Stand alone 单独的

S——Suitable 适当的

## 第五节　怎样恰当地使用奖励

在教育界有一个无休止的争论，那就是使用奖励的价值何在。奖励可能包括有形物品，包括糖果、不干胶贴纸、证书，或者无形的物品，如赞扬或认可。最优秀的老师知道奖励的秘密：不在于你是否在课堂上使用奖励，而在于你是否有效地使用它们。较差的老师这样说"嗯，不管怎样我不应该因为学生们做到了他们应该做的事情奖励他们"，或者"哦，我不应该用糖果来贿赂我的学生"，亦或"他们从来不会听到指令后立刻开始做功课，我怎么能奖励他们呢"。再次说明，真正的问题不是奖励本身，而是如何使用奖励。

让我们来看一眼有形的奖励。在为学生颁发奖学金时可以同样发给他们每人一枚手工制作的小金星。不管怎样，奖励并非仅有表面上看起来的激励价值。作为老师，我们重视学生值得奖励的行为和实际的奖励至少同样重要。

让我们来看一个例子，它发生在一个特殊的中学里：

为了减少学生们的不良行为，学校决定组织一个竞赛活动，称作"季度挑战"。每年四次，每个季度举行的时候，那些没有迟到记录、记过处分、未完成学习计划等不良行为记录的学生都会得到奖励。不同季度的奖励不同。奖品包括每个季度一次的匹萨派对或者半天假期，目标当然是促进学生们在学校表现更好。这种方式在一些班里产生了积极的作用，而另外一些则事与愿违。进一步的研究分析表明，这些方法对于老师的作用明显，而对于学生们却几乎没有效果。

我们发现，在最优秀教师的课堂上，"季度挑战"一经推出，便成为正面促进剂。老师和学生热情积极，表现良好，期待季度末的奖励。与之相反，较差的老师在课堂上用季度末的奖品来威胁学生。老师在和学生进行力量角逐，他们经常这样说："如果你们表现不好，你们就不会赢得季度挑战！"或者"如果你们继续那样做，谁都赢不了季度挑战！"在这样的教室里，学生们在和老师的角逐中希望掌握更多主动权，他们会装作不在乎奖励。这些学生开始捉弄那些表现良好的学生，说道："嘿，哥们儿！你要赢得季度挑战啦？真搞笑，太搞笑了！"不出所料，较差老师班里的学生整体表现都会越来越差。因此，这些老师会说季度挑战毫无用处。再强调一遍，这和奖励无关，而是老师使用奖励的方法问题。

因为工作成绩优秀而得到奖励，无论年纪多大都会欢欣鼓舞，然而没有一个人希望奖励与消极否定的方法相关联。让我们来总结一下：

负面的方法会使得积极的奖励大打折扣，这就好像给从一开始就表现良好的人注射了一剂苦药。

> 不是奖品本身让我努力尝试
> 而是你的方法决定了我的好与差
> 所以请赞扬我的努力，突出好的一面
> 我的成功是因为你相信我可以成功

## 第六节　怎样激励没有动力的学生

没有动力的学生之所以缺乏动力是因为他们没有被激励！现在，我们了解一下为什么最优秀的老师看上去好像有一件激励学生的秘密武器。我们没有费尽心思寻找秘密武器，而是直接询问最好的老师，希望他们可以和我们分享他们的秘密。令人惊异的是（或者可能毫不意外），他们在以下几点上不谋而合：

◆ 没有动力的学生总是没有成就感。

◆ 没有成就感的学生需要可以帮助他们成功的老师。

◆ 经历更多成功的学生会充满动力，变得更好，而且更加努力。

◆ 从本质上来看，学生们不会主动找我们寻求激励。

◆ 激励学生是老师的职责。

◆ 一部分学生比其他人更容易被激励。

◆ 最难激励的学生恰好也是那些最需要我们——老师的人。

在了解了这些老师怎样看待没有动力的学生之后，下面，我们来分享一下他们激励学生的最好方法：

◆ 识别出缺乏动力的学生，这是工作中比较简单的部分！

◆ 表达对学生的信任，相信他有能力完成手头的功课。

◆ 因材施教，这是他得到成就感的唯一途径。

◆ 一旦他经历成功，赞扬他的成功，推进他向下一个目标努力。

当被问道"但是，如果有很多学生看上去都失去动力，应该怎么办呢？"这有一位优秀老师给出了答案：

"当我环顾教室，发现无聊的表情、空洞的眼神，我会立刻有所反应。我会立刻提高热情，问各种不同的问题，如果我认为会有帮助的话，我会改变课堂活动的计划。基本上，我尽可能做所有可以改变当时课堂气氛的事情。我的责任就是激励和鼓励我的学生，所以不管有多难我都努力工作。"

另外一位优秀的老师说道：

"当我的学生没有动力的时候，我发现这是因为他们不明白他们在做什么，为什么做。这对我来说是一个提醒标志，提醒我不要忘记把课本知识和真实生活紧密联系。所以我也是这样做的——我把讲授的内容和学生的真实生活紧密联系——一下子，他们就都充满了动力！"

我们也采访了一些不太优秀的老师，询问他们同样的问题。令人惊异的是（或者也可能毫不意外），他们在以下几点上不谋而合：

◆ 一些学生很难被激励。

◆ 缺乏动力的学生不想被激励。

◆ 缺乏动力的学生都很懒惰。

◆ 激励他们不是我的职责，我的工作是教授知识。

◆ 一些学生根本不在乎是否有动力。

你注意到这些回答多么令人沮丧了吗？你愿意把自己的孩子放到这些老师的课堂上吗？还需要再质疑为什么有些学生没有被激励吗？

现在，让我们听听学生说什么。我们想知道什么因素使得一些老师的课堂比另外一些老师的课堂更容易激励学生。以下是一些评论：

十二年级学生："如果我的老师看上去充满动力，那么我也会这样的。如果我的老师看上去很厌烦她正在教的课程，我就很难被激励了。"

一年级学生："当我的老师说'干得好'，我感觉非常好，然后我会更加努力让她开心。"

五年级学生："我喜欢有趣的和令人兴奋的课程，因为这会使内容极易被理解。"

三年级学生："去年我的一位老师从来不对我们微笑。我觉得她很生气，但是不知道为什么。今年我的老师总是对我们微笑，我觉得来学校上课很开心。"

二年级学生："我不认为我很擅长阅读，但是我的老师帮助我做得更好。"

十年级学生："我不能忍受在老师讲课的时候，我们需要将所有内容都记在笔记上。这很无聊，我通常都听不进去。"

七年级学生："我的一位老师告诉我们关于她自己的故事。虽然她的工作只是教我们课本知识，但她依旧是一个很真实的人。我喜欢这样的感觉。"

教师，真正重要的并不是教育出什么样的学生，而是你在他们心中点燃了多少火种。相对于物质奖励，学生更希望被激励。是老师，而不是课本内容决定了学生的火种被点燃还是熄灭。

杰森是一个七年级的学生，他被三次留级。他说自己不喜欢学校是因为他一点都不擅长学校的任何东西——他说。直到他遇到托马斯女士，他七年级的老师。从第一天开始，他就觉得充满了动力。他有了成就感，他简直不敢相信，因为这是他在学校从来没有感受过的。他的成绩直线提高，他很快就赶上了班里其他同学。下面是杰森所说的："在托马斯女士的班上就好像梦想成真了。她让学习充满乐趣，她发现了我的天赋，这是以前从来没有人发现过的。如果我几年前遇到托马斯女士，我就不会留级了。我不是一个失败者，我猜想我所需要的仅仅是被激励。"

教师，你也可以成为激励"杰森"的托马斯女士，点燃你学生的心灵之火，帮助他们相信自己可以成功，而且他们也必将成功！

## 第七节　怎样让你的力量最大化

在本章开头，我们请你回想了一下你最喜欢和最讨厌的老师。没有人会记得课本第147页有什么，以及期中考试第二道题是什么。但是我们都会记得自己的感觉，以及我们是被怎样对待的。这就是情感的力量，影响的力量，老师的力量！

作为老师，我们对自己的感觉决定了我们如何对待学生。教师工作需要活力和情感。我们在学校忙忙碌碌几乎没有时间喘口气或者在休息室休息一会儿。教学是需要付出的，没有人说这个很简单。如果有人说不难，那他一定撒谎了。但是不要忘记是我们自己选择要成为老师，我们选择了有所改变，我们选择了这份职业。因此，我们不能有一天的懈怠。原因很简单：我们在乎自己的学生。

最优秀的老师看起来总是很开心，从来没有一丝郁闷，从来没有过度紧张、喊叫、抱怨，他们真正喜欢自己的学生。他们真的没有难题吗？其余的人都是运气不好吗？很可能不是。最优秀的老师和我们分享了一个秘密：他们有时候是装出来的！幸运的是，我们询问到了最好的老师怎样才能保持这样的积极和快乐，不管教学工作多么辛苦，有多大压力。以下是他们和我们分享的一些小技巧，用他们的话说：

◆"我有时会发现，如果你微笑，不仅仅你会感觉更好，你的学生也不会知道你今天心情不好。"

◆"我的学生需要尽可能多的行为典范。我要成为模范之一，我明白，如果消极悲观则必然不是合格的模范。所以，我一定不能负面消极。"

◆"我让课堂练习成为一种放松方式，这总会让我感觉更好。"

◆"我随身带着一本关于激励的名言集或诗集，无论何时当我需要自我提升我就会翻看。"

◆"当我觉得自己快崩溃的时候，我会提醒自己，学生们是多么需要我，我又是为了什么选择教师作为终身的事业。"

◆"我刚才冲我的丈夫发泄了一通！开个玩笑……"

◆"我有一个文件夹专门存放家长和学生的来信，当我郁闷的时候总会翻看这些信件。"

◆"我总是提醒自己：坏心情对老师来说是一件奢侈品，我们负担不起。脑外科医生也是一样，谢天谢地！"

记住，老师，你拥有无比强大的影响力。积极或者消极的影响都会作用长久。即使当你逝去，你仍将活在学生的心中。

## 小　结

关于动力和激励，记住以下几点：

- 你的行为和情绪将决定一个班级一天的基调。

- 表现出兴奋乐观，充满动力，必要时请装出来。

- 找到每个孩子的优点。

- 让每一个学生觉得他是你的最爱。

- SUCCESS（成功）决定了赞扬所起的作用。

- 找到激励自己的方法，永远保持动力满格。

- 做任何可以激励或者鼓励你的学生的事情。

- 你的影响将是长久的——所以要以积极的一面影响大家。

- 让每个学生都感到自己是特别的。他们的确是这样！

- 让每个学生都有成就感。他们的确可以这样！

**章节练习**

回答下列问题可以使你对于本章内容的掌握情况有一个清楚的认识。即便对本章内容还达不到运用自如，那也没关系，相信稍加练习，你便会得心应手。

（1）每天我会为我的课堂定下积极热情的基调吗？

（2）我的每个学生都觉得他/她是我私下里最喜欢的学生吗？

（3）我对每个学生表达关心，让他们感觉自己很重要吗？

（4）我会用"SUCCESS"法表扬学生吗？

（5）我会有效地使用奖励激励学生吗？

（6）我会使用策略去激励缺乏动力的学生吗？

（7）我一直都认为我是一位力量强大、富有影响力的老师吗？

你的心得：

_____

_____

_____

_____

_____

_____

_____

_____

_____

_____

_____

_____

_____

_____

_____

_____

_____

_____

_____

_____

_____

_____

_____

_____

## Bonus Seven

# 关于"七"的额外红利

与本书配套的《万人迷老师养成宝典学习指南》，已经出版。是专门为老师实践、操作这7个秘诀量身打造的行动手册。针对每一个秘诀，提出如何反思教学、实施有效行动、分享经验，以及能快速检测成果的总结表。简单易行的学习指南，每天只需要10分钟，就能帮助教师有效管理课堂、提升教学水平、提高学生成绩，解决日常教学难题。

你还可以访问http：//www.routledge.com/books/details/9781138013735/，结合你的需要，随意打印或拍照相关教学资料，助力你成为出类拔萃教师的独门秘笈。在教师职业发展会议上、年级会议上，或任何其他教师会议上，分享这些秘诀，对于提高教学水平都将有显著作用。

# 高效能教师受家长欢迎的七件事

（1）家长们希望教师待每个学生像自己的孩子一样。他们相信这样的老师会待学生公平，这些老师会告诉家长们："我会对待你们的孩子像自己的孩子一样。"

（2）家长们希望老师随时告知班里发生的事。他们希望及时获知班里的情况，他们喜欢听到学习进展理想和顺利。他们希望获得参与感和知情权。

（3）家长们希望老师尽力去实现积极沟通。这些老师会让学生把老师写的便笺带回家，把学生的成功告诉他们的家长。他们会打电话告诉家长他们的孩子在学校一切顺利。他们会及时告知家长孩子的进步。因此，一旦学生表现不佳，家长们也乐意去和老师共同应对，因为他们相信老师真的关心他们的孩子，真的热爱教书育人。而对于低效能教师来说，打电话或写信告状往往是他们与学生家长的第一次沟通。因此，家长们会感觉老师找他们准没好事。

（4）家长们希望老师懂得倾听。这并不意味着老师和家长之间没有意见分歧，而是说当意见不一致时，家长们确信可以去学校找老师，做开诚布公的探讨。

（5）家长们希望老师不放弃学生。这些老师尽其所能去助力学生成功——从额外花时间教导孩子，到建议家长如何在家里配合老师的教育，再到随时告知家长教师所做的努力——无论是在学业方面、社交方面，还是在行为举止方面。家长们视这些教师为团队合作者，不

会威胁或扼杀孩子的健康幸福。

（6）家长们希望老师为学生们设置挑战，因材施教且寓教于乐。学生们爱上这些老师的课，不仅仅是因为上课轻松，更是因为他们享受挑战、关爱、安全感和成功感。

（7）家长们希望老师不要给学生留下过多的家庭作业，使学生负担过重。学习应该在课堂上完成。作业应该轻松有意义，而且能很快完成。留作业应该只是为了巩固课堂上学到的知识。许多家长无法辅导孩子作业，因为他们也不明白。即便家长会做这些题，他们也会奇怪为什么老师没有帮助孩子在课堂上掌握这些。另外，即便孩子会做作业题，家长们也会因为孩子在睡前花费几个小时做作业而不满。

# 高效能教师受学生欢迎的七件事

（1）学生们喜欢教师对他们和善。任何年级的学生都更愿意积极回应和善的老师。老话说的"你希望别人怎样待你，你就要怎样待人"对我们每个人都适用。但是别忘了，学生只是孩子，他们不一定总能想起和乖乖践行这句话。这就是为什么他们需要积极的成人榜样！对学生和善并非意味着对他们放任不管，而只是意味着，无论何时，待他们友好、冷静，体现职业素质。

（2）学生们喜欢老师让学习变得有意思。我们不都是这样吗？如果学习过程是有趣的，它给人感觉根本不像在学习。学生们离开教室时不该是疲乏失落的。他们应该感觉精神充沛、有创造力的和成功的。这就是为什么高效能教师总是想方设法使学习有趣又令人兴奋。这样的话，学生会十分盼望第二天的课程！

（3）学生们喜欢老师助力他们成功。这与体育运动中的道理是一样的。运动员们喜欢教练助力他们成功。没有人欢迎失败，所以学生们常常由于害怕失败而放弃努力。也因此，他们感到受控于失败。但是如果老师教授的新知识是可以学会的，如果老师给予学生有效的指导，如果老师不遗余力地帮学生学习领悟学习中的困惑，学生就极少去放弃努力。毫不夸张地说，成功真的孕育成功！

（4）学生们喜欢老师为他们设置挑战。学生们欢迎吸引人的挑战，只要他们有可能驾驭，并最终从中体验到成功感。他们不喜欢轻松的挑战，不喜欢"完全没可能战胜的挑战"。介于这两者之间的挑战是最

合适的，最有利于学习的。

（5）学生们喜欢老师明确期望——无论是行为举止上还是学习上。他们想明了什么能做、什么不能做，我们期望他们做什么和不做什么，以及哪些是被允许的，哪些不是。他们不喜欢意外发现。他们想明确了解我们的立场。

（6）学生们喜欢老师不计前嫌。他们只是希望我们把每一天当作崭新的一天对待他们。

（7）学生们喜欢老师在课余关注他们的生活，像了解其他人一样了解他们。了解他们的为人，了解他们的好恶，了解他们的梦想。帮他们找到梦想。他们希望老师做到这些。

# 高效能教师受学校领导欢迎的七件事

（1）领导喜欢老师为每堂课做好充分准备。这些老师花费大量时间计划课程，殚精竭虑而且关注细节，从而确保每堂课都能最大限度激发学生参与，引起学生兴趣，使教学获得成功。

（2）领导希望老师大多数时候自己处理学生纪律问题。这些老师很少把学生送进校长办公室，但是一旦采取这一对策，学生的过错一定不小，需要严肃处理。

（3）领导希望老师每次做决定时将学生的利益摆在前面。尽管有时候给学生安排繁重的学习任务或活动可以使老师轻松省事，但这不会最大限度吸引学生热衷于其中和获得成功。高效能教师知道这一点，他们每次做决定都会以学生的利益为先，而不是图自己省事。

（4）领导希望老师可以直接找领导倾诉问题或不满，而不是找其他老师大吐苦水，或者更糟糕的，向学校上级管理部门投诉。没有老师会认同学校发生的所有事情。但高效能教师懂得以最大限度降低不利影响的职业化方式，处理自己对学校人和事的不满。而不是仅图口舌之快伤及他人或影响学校声誉，无论是教职工群体的声誉，还是在校生的声誉。

（5）领导希望老师不断自修，跟上教育界教育实践步伐。这些教师从不停止学习、成长、体验和发现。这并不意味着他们为了改变而一条道走到黑。相反，他们接受改变并乐于去尝试新理念。他们的思想开放而现实可行。他们愿意随着时代发展不断改变和成长。

（6）领导希望老师是优秀的课堂管理者。优秀的课堂管理是这些老师的课上最少出现纪律问题的主要原因。而并不是因为他们每年都赶上好孩子。相反，他们建立了清晰明确的纪律和规范，并且始终如一贯彻执行，学生们知道在这些老师的课上该做什么。

（7）领导希望老师尊重学生的人格。无论多少糟糕棘手的状况发生，在这些老师的课堂上，每个人都被善待和尊重。这些老师甚至知道如何得体地惩罚学生，他们冷静而富有职业责任感，对事不对人。

# 高效能教师每天必做的七件事

（1）高效能教师准备，准备，再准备。他们的课程计划很细致。他们从不忽略课程准备。你从不会听到一个高效能教师说他/她不需要课程计划。你也不会看到一位高效能教师日复一日、年复一年用同样的课程计划。

（2）高效能教师每天都尊重学生人格。无论学生有多捣蛋，高效能教师都不会失去职业风范，因为他们意识到自己是成年人，是为人师表的老师。高效能教师不会侮辱贬低任何人，包括学生。

（3）高效能教师时常微笑。他们知道学生们需要积极的角色榜样。他们每天和学生打招呼，相互问候，让教室成为温暖亲切的地方。在与学生交流时，他们面带微笑。教学中他们也时常微笑。每一天，他们使学生确信教室是那么有吸引力。

（4）高效能教师是好演员。没有人永远开心，没有人永远感觉很专业。没有人在教学生涯的每一刻都充满喜悦和激情。高效能教师只是花了些心思，去看起来每天都很高兴。他们不会允许自己把私人烦恼和问题带到工作中来。

（5）高效能教师总是处事沉着冷静，尤其是面对棘手境况时，他们会很好掩饰自己的愤怒、不安。他们意识到冷静对待矛盾冲突，事情会更好解决。因此，学生们情绪越失控，老师越应该自我克制，避免失态，使局面难以驾驭。

（6）高效能教师设立了明确的纪律和规范，而且每天遵照执行。

他们对违规犯纪的处理讲求原则。学生们知道该做什么，家长们也知道，因此很少出现问题。当人们知道你期望他们怎样做时，他们往往乐意配合。

（7）高效能教师的课堂教学有始有终。在他们的课堂上，不会出现学生们无事可做。老话说："无事生非。"因此高效能教师的课堂上很少有学生行为失范。学生们积极参与课堂活动，下课铃响了还觉得意犹未尽。

# 高效能教师不会做的七件事

（1）高效能教师不会朝学生大喊大叫或故意羞辱学生。低效教师常常控制不了局面，因此只好抬高嗓门。他们也会在学生走神时点名批评这位学生，让他难堪。这样的方法绝不会得到积极的反馈和成效，因此高效能教师不会这样去做。

（2）高效能教师不八卦。说别人闲话只会伤害他们。说长道短百害而无一利，它不会帮到任何人，更不应在校园环境中发生。高效能教师不会就学生、家长或其他任何人说三道四，蜚短流长。

（3）当学生惹事生非时，高效能教师不会中招，他们意识到自己是成年人，他们是专业人士。学生们时而会言行不当，而且有时会针对他们最容易接近的成人——老师。但是高效能教师知道，一旦他们允许学生去摁下自己的按钮，他们就会受制于学生。因此，即便他们的按钮有可能（从里面）被摁下了，他们也绝不会让学生知道。一旦他们心思外露，就会被学生拿在手里。不是把学生拿在手里，而是被学生拿在手里。

（4）高效能教师不会把可以在教室里解决的问题留给别人解决。他们自己处理每个问题，除非问题大到应该引起学校领导重视，由其处理。如果问题能在教室解决，就一定会在教室解决。

（5）高效能教师不会总是怨天尤人，责怪家长、社会、政府部门或其他在他们的课堂上制造了障碍的人。他们知道教学富于挑战性，而且他们敞开怀抱迎接挑战，把挑战当作自己和学生成长的契机。低

效教师表现得束手束脚，好像除非社会改变、家长改变、领导改变，否则他们就对自己的课堂问题无能为力了似的。

（6）高效能教师不断学习。完全掌握教学艺术，习得关于教学的所有技能是根本不可能的。没有人做到过，也不可能有人做到。哪一天你不再学习关于教学的新知识、新技能，你可能就该退出这个行业了。高效能教师知道这一点，他们从不停止学习如何更好地开展教学。

（7）高效能教师不放弃任何学生。无论学生表现如何差，高效能教师都不会有放弃的念头。他们不会举起手说："我放弃。"他们真心相信每个学生都是可造之材，他们不会放弃任何一个学生。学生们知道老师会不遗余力帮他们成功，"放弃"这个词不在这些老师的字典里。

# 高效能教师热爱教学的七点原因

（1）高效能教师热爱教学是因为它具有挑战性。任何职业的成功人士，都欢迎挑战。因为我们想让学生们带着勇气、动力、决心去接受和处理人生的挑战，所以作为老师，我们要授之以渔。值得实现的成就并非易事，这也是成就的价值所在！教学同样不容易，但教书育人是世界上最伟大的职业！高效能教师生活得有信念。

（2）高效能教师热爱教学是因为学生有各种各样的需求。他们庆贺每位学生的独一无二，而不是将他们一概而论。他们想方设法适应学生的差异，因材施教。他们知道，如果所有学生彼此没有差异，学习水平也没有差异，教学就是一件轻而易举的事，几乎任何人都能胜任。同样，如果所有病人都罹患同样的病痛，需要同样的方法医治，那么几乎任何人都可以成为医生！

（3）高效能教师热爱教学是因为它认为教师富有影响力。他们想要让每个学生的生活有所不同，而不是厚此薄彼。他们意识到他们在塑造孩子的未来，而且他们可以胜任这一挑战。他们意识到他们活在每一个教过的学生心目中，他们对学生的影响是持久的。因此，他们小心翼翼地看待和发挥他们的影响力。

（4）高效能教师热爱教学是因为可以借助家长和社区的力量共同对学生进行教育，这并不意味着他们会让每位家长或每位社区成员积极热切地参与学校教育。而是意味着在学生学习成长的过程中，不断努力赢得家长和社区的支持。他们意识到即使鼓动100位家长支持学

校教育，结果仅成功争取了一位，也是有意义的。

（5）高效能教师热爱教学是因为它可能点亮学生的头脑。无论学生们取得的成绩多大多小，他们都将之视为教学的意义。任何一个小小的成功对高效能教师来说都是件大事。

（6）高效能教师热爱教学是因为他们教的是一群孩子。他们真心爱护孩子。低效能教师有的时候表现得好像学生们成了他们成为好老师的障碍。虽然很多人都有这样的想法，但卓越教师会真心爱孩子。

（7）高效能教师热爱教学是因为学习如何教学是一个长期的过程。他们喜欢学习更新更好的方法去帮助学生学习和成长。他们不拒绝教学领域的任何新计划、新技能、新趋势。他们总是欢迎改变现状，持开放心态去尝试新鲜事物。

# 成为高效能教师的七个途径

（1）每天、每节课前问候学生。高效能教师会站在教室门口，脸上带着热情友好的微笑（无论他们当下心情如何）欢迎学生们进入教室。学生们会认为老师每天都很高兴见到他们，这个小小的举动避免了很多潜在的纪律问题！

（2）循序渐进改进教学。找一堂你已预先计划好的课，然后加上一个活动，激发起学生更多参与热情。不要一下子把一天的课程计划或活动都替换掉。只利用一项活动加以改进。然后明天再添加一项活动，后天也一样。很快，你就自然而然地可以更好规划课程，让每天的课堂活动生动有趣。

（3）向其他同事寻求好点子，善加利用。高效能教师总是会向同事借鉴好主意、好点子。不要担心这样会让你看上去不够胜任工作，相反，你会让人感觉更胜任。因为所有人都知道高效能教师不断向他们"借"点子，也不断和其他人分享好点子。

（4）回到你的课堂管理计划上来，确保学生明白从今天起他们该怎么做。如果不知为何，你并未明确并坚持执行你的管理计划，没关系，从今天起重新开始。和全班一起谈谈你对他们的明确期望，并且之后不断补充完善你的计划。

（5）告诉学生们你热爱教学的原因。让他们知道你很乐意教他们。高效能教师经常告诉学生们为什么他们喜爱教学，为什么选择从事教师这个职业。如果学生们确信你热爱你所从事的，他们会更容易买你的账。

（6）比平常更有热忱地开展教学。如果你想立即改善教学效果，就表现得更有热情。即便你平时就是一个热情四溢的人，你也要再多一些热忱。老师的态度表现决定了整个课堂的氛围。

（7）从学生们那里寻求反馈。询问你的学生到目前为止他们对你课堂的感受，征求改进课堂的建议。高效能教师努力在课堂上给学生更多自主权，这样的课堂很吸引人。这并不意味着老师在课上对学生言听计从。这些老师的做法是：倾听学生们的心声，对学生们的想法抱有热情，从而创造最适宜学习和成长的课堂氛围。

Seven Simple Secrets
What the Best Teachers Know and Do

Conclusion

# 结　论

　　我们真诚地希望所有老师都尽己所能地做到最好，这也是我们写作这本书的目的——我们想和所有老师分享最成功的教师们的七个秘诀。现在，你已经知道了，请放手实践它们吧。

　　老师，请您记住，每一个孩子都是与众不同的，他值得你付出所有。发现每个学生内心的不同，教导他们，给他们关爱！

## 未来的英雄

坐在每个书桌后面的是纯粹的、深不可测的潜力
我必须从最细微的线索开始寻找，虽然这看上去不合情理
虽然他们的行为表现会掩盖事实，然而真相需要我来挖掘
我必须有远见有深度，才能发现他们的所思所感
那个安静的表象下面是怎样的内心？一位哲人，一位作家？

那个叛逆的外表下面是怎样的内心？如果我和她对立将永远找不到答案

谁将来可能成为妙手回春的医生？

谁将来会成为乘风破浪的探险家？

谁将来会充满慈爱地关注孩子的需求？

谁将来会成为大爱无边的慈善家？

谁将来会成为机械师、律师、飞行员？

谁将来会攀上彩虹寻找靛青和紫色？

我必须每天提醒自己，不让负面情绪引我入歧途

我所教的每个孩子的内心深处，都埋藏着一颗英雄的心

我今天对待他们的方法将帮助他们重塑命运

曾经从事过课堂教学工作，现在负责安排和协调学校的全部课程，同时还是全美国公认最好的、专门针对教师岗前培训项目——FIRST的负责人。安奈特的教育理念是教学的实用性和人性化，注重在与学生的接触中进入他们的情感世界，并强调情感教学与创造性教学手段的结合。主要作品有《给教师的101条建议（增订版）》《万人迷老师养成宝典》《改善学生课堂表现的50个方法》。

安奈特·L·布鲁肖

《中国教育报》"最佳图书"奖

## 《给教师的101条建议》（第三版）

ISBN：978-7-5153-4266-5
作者：[美] 安奈特·布鲁肖
2016-6　定价：33.00元
上架建议：教师用书　教育培训

◎　全球中小学教育经典畅销书

◎　荣获《中国教育报》"最佳图书奖"

　　几乎每一个新教师都需要阅读此书，进行一次全面的职业培训；每一个老教师每隔2年都愿意再读此书，让自己获得新能量，提升前行；每一个校长都期待本校老师都成为书中描述的优秀教师；每一个家长和学生都希望每天面对的是这样充满爱心与能力的老师。

　　作者针对教育新动向，总结教育实践经验，增补大量新内容，全新修订改版。

# T.E.T. 教师效能训练

## 一个已被证明能让所有年龄学生做到最好的培训项目（30周年纪念版）

### 教师培训、学校团购热门图书

著者：（美）托马斯·戈登
ISBN：9787515332284
定价：49.00元
出版社：中国青年出版社

◆ T.E.T. 教师效能训练，各国教育家口碑相传的革命性教师培训课程。50年来，遍及全美及世界27个国家，全球千万名教师受惠于此套方法。

◆ 课程的设计者托马斯·戈登博士，前美国白宫儿童顾问，连续3次获诺贝尔和平奖提名，被誉为"沟通之父"。他创建的"戈登方法"，闻名全球，畅销书《如何说孩子才会听，怎么听孩子才肯说》理念的精髓即来自此方法。

◆ 本书的神奇魔力：快速建立优质师生关系，高效改善学生课堂表现，显著提高教师效能。

◆ 这本教育经典著作中的"戈登方法"，这套引起全美父母与教师效能运动的方法，适用于当今每个课堂。

## 内容简介

T.E.T. 教师效能训练课程由美国著名心理学家托马斯·戈登博士于1965年创建，旨在向教师传授如何建立有效的师生关系，帮助学生做到最好。该课程被美国公、私立学校广泛采用，参加培训的包括幼儿园、中小学教师与校长，全美有数百万教师在大学或在职学习过这一课程。该课程现已发展成全球性的教师培训课程。

本书的技能与方法正是来自这一课程，通过让教师在课堂上运用一系列有效的沟通技巧与冲突解决方法，帮助其获得高质量的师生关系，从而减少课堂冲突与纪律问题，提升课堂时间的质量，提高学生的学习主动性、专注力、自控力、学习效率以及课堂教学的参与度，最终实现教师的高效能与学生的成长与发展。

通过本书，教师将学会：

如何说，学生才会听；怎么听，学生才肯说；

让学生就教学内容展开高效讨论；

知道自己发怒的原因，以及怎样采取不同的态度；

有效处理学生抵触情绪；

处理师生之间、学生之间的冲突，且不伤害学生自尊；

……

# 中小学心理教师的10项修炼

ISBN 9787515309347
编著者：【美】丽贝卡·布兰施泰特
开本：16开
页数：256页
出版时间：2014.4
定价：36.00 元
CIP分类号：G44
中图法分类：中小学-教育心理学

## ★ 编辑推荐

◆ 美国著名心理教育博主十年磨一剑，校园心理工作最实用方法指南

◆ 来自最真实的一线心理教育工作经验，提供最细致的操作指南

◆ 国际前沿心理辅导、咨询、干预方法和资源库

◆ 高效时间管理方法，可立即替换的书信和表格模板，提高工作效率

## ★ 内容简介

　　《中小学心理教师的10项修炼》旨在帮助心理教师充分利用手中有限的资源，应对多变的工作问题，为学校心理教师提供细致精准的帮助，包括个体和团体心理辅导的注意事项、有效同家长和教师沟通学生的敏感信息、全校性危机事件中的心理工作等。

　　本书并非枯燥论述心理教师职业及其职责，而是搭建起一座桥梁，连接基于科学研究而得到的最佳解决方法和在校园心理工作的现实，目的是为心理教师家提供日常工作中随时可查可应用的策略，以及提供即使可用的材料资源。

　　新上岗的心理教师和经验丰富的心理教育工作者都能够在《中小学心理教师的10项修炼》中获得帮助，提高工作效率，圆满诠释在学校中的多重角色，并最终提升工作幸福感。